世にもあいまいなことばの秘密

川添 愛 Kawazoe Ai

★——ちくまプリマー新書

442

はじめに――本書を手に取ってくださった皆様へ

言葉というのはつくづく難しいものだと思います。言語学を学び始めてから三十年以上の月日が経《た》ち、今では一応「言語学者」や「作家」という肩書きで仕事をしていますが、言葉に関する失敗は後を絶ちません。

たとえば以前、家族から「**ハイター（漂白剤）を買ってきて**」と頼まれたことがありました。私は「台所用」のハイターを買って帰りましたが、家族が欲しかったのは「洗濯用」のハイターでした。

また、猛暑が続いていた夏の日、私の何気ない一言が知人を驚かせたことがありました。それは「毎日暑いよね。でも、明日はだいぶいいよ。**マイナス六度だって**」というものです。私は「今日との気温差」を言ったつもりでしたが、知人は「氷点下六度⁉」と思ったそうです。

以上のような誤解は笑って済ませることができますが、世の中には笑えない例もたくさんあります。ＳＮＳを見ていると、言葉のちょっとした解釈の違いで対立が起こる場面を頻繁に目撃します。

たとえば、ニュース記事の見出しに、「**勉強しない大学生**　その実態を探る」のような表現があった場合、人々の間で解釈が割れがちです。まず、「これはおかしい。大学生がみな勉強しないなんて、勝手に決めつけないでほしい」と言う人が出てきます。するとそれに対して、「大学生がみな勉強しないなんて書かれてないし、一部の大学生に限った話でしょ」と反論する人も現れます。

そこでお互いに「もしかしたら、相手の言うような解釈もあるかもしれない」と立ち止まればいいのですが、私が見るかぎりでは、どちらも「自分が正しい」と言って譲らないケースが多いようです。

ところでみなさんは、「勉強しない大学生」という表現を、どのように解釈しましたか？　これを見て、「大学生はみな勉強をしないと決めつけている」と思いましたか？　それとも、一部の大学生に限った話だと思いましたか？

答えを言ってしまうと、「勉強しない大学生」という表現には両方の解釈があります。

ここでカギとなるのは、「勉強しない」と「大学生」の修飾関係です。くわしくは第4章で説明しますが、これらの関係をどのように捉えるかによって、次の二通りの解釈が出てきます。

「勉強しない大学生」
解釈1：勉強をしない、大学生というもの（→大学生全般が勉強しない）
解釈2：大学生のうち、勉強しない人たち（→勉強しないのは、大学生の一部である）

言語学の立場から眺めれば、この例に限らず、私たちが発する言葉のほとんどは曖昧で、複数の解釈を持ちます。しかし、私たちはなかなかそのことに気がつかず、自分の頭に最初に浮かんだものを「たった一つの正しい解釈」と思い込む傾向があります。世の中には、考え方が違いすぎるあまり、まったく対話ができない人たちがいることは確かです。しかしその一方で、ものの考え方はそう変わらないのに、言葉の解釈の違いだけで対立してしまうケースも少なくありません。SNS上のやりとりを眺めていて、

「言葉のすれ違いさえなければ、この人たちはもっと分かり合えたかもしれないのに」と残念に思ったことは、一度や二度ではありません。

言葉のすれ違いを察知し、ある程度の対処ができるようになるには、言葉を「多面的に見る」ことが必要になってきます。その際に役立つのは、曖昧さがどういうときに起こるかについての知識です。曖昧さの要因が頭に入っていれば、「もしかしたら私の言葉は誤解を与えるかも」とか、「もしかしたら相手は、私が思っているのと違う意味でこう言っているのかも」などと考える余裕が出てきます。

本書では、言葉のすれ違いの事例を紹介し、それらをもとに言葉の複雑さや面白さを紹介していきたいと思います。本書で目指しているのは、読者の皆さんが言葉の曖昧さに少し敏感になり、言葉のすれ違いを早めに察知できるようになることです。同時に、言葉をさまざまな角度から眺める経験を、頭のエクササイズのような感覚で気軽に楽しんでほしいと思います。

目次 * Contents

イラスト＝芦野公平

1　「シャーク関ロギターソロ教室」——表記の曖昧さ

「しばいがかった」——仮名と漢字の曖昧さ

先日、パソコンで文章を書いていたときのことです。「芝居がかった」と書こうとして、「**しばいがかった**」と入力し、仮名漢字変換をしたところ、思いがけない変換結果が出てきました。それは「司馬懿が勝った」というものです。

一瞬戸惑いましたが、すぐに「司馬懿《しばい》」が三国時代の中国の軍師であることを思い出しました。曹操《そうそう》に仕え、諸葛亮孔明《しょかつりょうこうめい》のライバルと紹介されることも多い人物です。「芝居がかった」とのかけ離れ具合もさることながら、「司馬懿が勝った」がそれだけで一つの文をなしていることに驚きました。しかも、まったく無意味な文ではなく、実際にありそうな状況を表しています。改めて、日本語はどういう表記をするかによって意味が大きく変わるのだな、と実感しました。

日本語の書き言葉では、平仮名、片仮名、漢字が使われますが、「しばいがかった」のように、平仮名だけの表記では解釈が一つに決まらないことがあります。とくに日本語には、発音が同じでも意味が違う「同音異義語」が数多く存在します。たとえば「**こうしょう**」という音を持った語は、「交渉」「高尚」「公称」「鉱床」「校章」を含め、五〇個近くあるそうです。[1] 漢字を使わずに仮名で書くと、どの「こうしょう」なのかが分かりづらくなってしまうでしょう。「**おしょくじけん**」も、そのままでは「汚職事件」なのか「御食事券」なのか分かりません。日本語は漢字まで覚えなければならないので大変ですが、漢字で書くことで、同音異義語の曖昧さが解消されているのです。

ただし、「漢字を使いさえすれば曖昧ではなくなる」というわけではありません。たとえば、「**大人気**」という言葉を見て、皆さんは真っ先にどのような「読み」を思い浮かべますか？　おそらく多くの人は「だいにんき」を思い浮かべると思いますが、私はかなりの頻度で「おとなげ」を思い浮かべてしまいます。

「大人気」の中に入っている「**人気**」も、「にんき」なのか「ひとけ」なのか曖昧です。

「人気がない」という言葉も、文脈が分からなければ、誰かについて「人気（にんき）がない」と言っているのか、どこかの場所について「人気（ひとけ）がない」と言っているのか分からないでしょう。つまり漢字で書いたがゆえに曖昧になる例もたくさんあるのです。

選挙のポスターなどで、候補者の名前の一部が平仮名で書かれているのをよく見かけます。私の名前（川添愛）を例にすると、「かわぞえ愛」のような表記です。これも、読み方の曖昧さを避けるためでしょう。候補者の立場からすれば、自分に投票してくれる人が名前を正しく書いてくれないと困りますから、読み方を覚えやすく、書きやすいように工夫しているのだと思われます。

難しい漢字を平仮名で書く例もよく見られます。伝染病など、よくないものが広がることを「蔓延《まんえん》」と言いますが、「蔓」という字が難しいので、よく「まん延」と書かれます。このように平仮名と漢字をミックスした表記は「交ぜ書き」と呼ばれ、「かえって読みにくい」と批判されることもあります。哲学者の古田徹也さんの著書『いつもの言葉を哲学する』（朝日新書）には、「手が打たれないままかまん延」という面白い例が紹介されていました。これを読みやすくするには、「手が打たれないまま、まん延」のように、読点を入れた方がいいでしょう。

先日は、新聞で「**夢のジェンヌへ研さん**　宝塚音楽学校、一一一期生入学」[2]という見出しを見ました。私は一瞬、「え！　歌手の研ナオコさんが宝塚に入学したの？」と驚いてしまいましたが、少し考えて、「あ、〝研さん〟っていうのは〝研（ナオコ）さん〟のことではなくて、〝研鑽《けんさん》〟のことか！」と気づきました。つまり「夢のジェンヌへ研さん」とは、タカラジェンヌになるために研鑽する、という意味だったわけです。

「さん」という表現は敬称としても頻繁に使われますので、「研鑽」の「鑽」を平仮名で表記したものとして認識するには、ちょっとした頭の切り替えが必要です。こういう表記もそのうち何の問題もなく理解できるようになるのでしょうが、私は慣れるまでに少し時間がかかりそうです。

「この先生きのこるには」——どこで単語を区切るのか

文のどこでどの文字を使うかということは、読む人が「単語の切れ目」を探すときに重要になってきます。英語では単語と単語の切れ目につねにスペースが入りますが、日本語ではそのような書き方をしません。日本語で単語の切れ目を見つける際には、平仮名、片仮名、漢字の使い分けが大きなヒントになります。

平仮名だけで書くと、どこが単語の切れ目か分からなくなることがあります。それを示す有名な例に、「**ここではきものをぬいでください**」というものがあります。この例は、「ここでは　きもの（着物）を　ぬいでください」とも読めますし、「ここで　はきもの（履き物）を　ぬいでください」とも読めます。この場合、「ここでは着物を脱いでください」あるいは「ここで履き物を脱いでください」のように漢字を使って書くと、単語の切れ目が分かりやすくなります。

もっとも、漢字と仮名が混じっていれば、つねに単語の切れ目が分かるというわけではありません。先日、誰かがネットに「**この先生きのこるにはどうしたらいいか**」と書いているのを見て、一瞬戸惑ってしまいました。というのも、私はこれを「この先生（せんせい）きのこるにはどうしたらいいか」と読んでしまい、「きのこる」ってどう

キノコ

いう意味だろう？　きのこに関係する活動か何かかな？」と疑問に思ったからです。もう一度読んで、これが「この先（さき）生きのこるにはどうしたらいいか」であることに気づきました。「この先、生きのこるには」のように読点が入っていれば、私も戸惑うことはなかったでしょう。

問題：「今年金いくらもらえる？」という文にも、二通りの「単語の区切り方」があり、それに伴う二つの異なる読み方と意味があります。どんな区切り方か考えてみてください。（答えは巻末）

「単語の切れ目」を考えたときに思い出すのは、お笑いトリオのロバートのコント「シャーク関口ギターソロ教室」です。このコントでは、ギターを習いたい人（ツッコミの山本さん）が「**シャーク関口ギターソロ教室**」にやってきます。彼はその教室のことを「シャーク関口《せきぐち》　ギターソロ教室」、つまり「シャーク関口さんという人がやっているギターソロの教室」だと思っているのですが、コントの中で、実は「シャーク関《せき》さんという人がやっている〝口（くち）ギターソロ〟の教室」だということが明かされます。つまり、「シャーク関　口ギターソロ教室」だったわけです。結局、山本さんはギターソロを習えず、口でギターの音を出す「口ギターソロ」を延々と見せられてしまいます。「漢字と仮名の間を単語の切れ目だと思いやすい」という私たちの傾向を利用した、巧みなコントだと思います。

　ちなみに、「**外国人参政権**」という言葉は、少し前まではコンピュータにとっては難しい言葉でした。学校で社会の勉強をした人は、これが「外国人《がいこくじん》　参政権《さんせいけん》」のように切れるということが分かるでしょう。しかし、昔のコンピュータは、これを「外国《がいこく》　人参《にんじん》　政権《せいけん》」と区切ってしまうことが多く、研究者を悩ませてきました。高度に発達した今のＡＩはこのような失敗をほとんどしなくなっていますが、機械に言葉を扱わせるための研究の歴史には、このような苦労もあったのです。

「粒より小餅」——発音すれば分かるけど

先日、スーパーのお菓子売り場を歩いていたら、「粒より小餅」[3]と書かれた米菓子のパッケージが目に止まりました。私はとっさに「『粒』よりも『小餅』の方がいいという意味だろうか？」と考えてしまいましたが、後から「ああ、〝粒より〟は粒選《よ》り、つまり「選び出された小餅」ということか！」と理解しました。

私の勘違いの原因は、頭の中で「粒より小餅」を、「味噌より醤油」「今日より明日」などと似たようなアクセントで読んでしまったことにあります。この場合、「つ」の直後で一度声の高さが下がります。このように読むと、「粒よりも小餅（がいい）」という意味になります。他方、「粒選り小餅」の場合は、「たなばたまつり」と同じようなアクセントになります。つまり「小餅」の「こ」の直後まで音が下がりません。[4]書き言葉には音の情報がないので、このような勘違いが起こることがあるのです。

前にも、似たような体験をしたことがあります。ＳＮＳを見ていたら、他人の意見を引用しながら「**それは個人の問題ではないかと思う**」と書いている人がいました。私はとっさに、この人が「それは個人の問題だ」と言っているのだと思いました。しかし、その発言の前後を見てみたら、どうやらその人の意図はまったく逆で、「それは個人の問題ではない」と言っていることが分かりました。

なぜ、私がこの人の意図と逆の解釈をしてしまったかというと、これも「アクセントの情報がなかったから」です。「ではないか」という表現には、「そうだろう」や「そうであるはずだ」のような肯定的な推量を表すものと、「そうではないだろう」という否定的な推量を表すものがあります。この二つの「ではないか」は、アクセントが違います。肯定の方は、「で」の後に声の高さが下がり、あとはそのままになりますが、否定の方は「ない」の「な」の前で再び上がって、その直後にまた下がります。書き言葉ではこのアクセントの情報がないので、どちらの「ではないか」なのかが分からなくなるのです。

書き言葉の曖昧さを観察すると、私たちがふだん、アクセントに頼って話し言葉を理解していることが分かります。携帯カイロなどに書かれている「**低温やけど注意**」という言葉も、「やけど」の部分が「火傷」なのか、関西圏でよく使われる言い回しの「〜やけど」（＝〜だけど）なのかで曖昧になる例です。「低温やけど」の部分を読むときに、「や」の直後で音が下がる（「低温火傷」）のか、「ん」の後で音が下がる（関西圏での「低温だけど」）のかによって、意味が変わってきます。

ちなみに「アクセント」というのは、言語学では「単語の内部における、音の高さの変化」を意味します。言語学にはこれとは別に、「イントネーション」という概念もあります。こちらは単語の内部ではなく、複数の単語がつながってできる「句」や「文」にみられる音の高さの変化を指します。たとえば、私たちが人に「これは何ですか？」とか「今、忙しいですか？」などと尋ねるとき、文の最後の音が上がります。これはイントネーションの一例です。

イントネーションも、私たちが言葉を理解する上で重要な役割を果たしています。以前、とある署名活動が行われていた頃、その活動に賛成している人と反対している人がネット上で意見を戦わせていました。そんなとき、その署名活動についてSNSで「**まだ署名やってるよ**」と書いている人がいました。私はそれを読んだとき、この人はきっと反対派で、署名活動を揶揄《やゆ》して「まだやってるよ。やっても意味ないのに」と言っているのだろう、と思いました。というのも、私はそれを読む直前に、署名に反対している人たちの発言を数多く読んでいたからです。しかし、その人のプロフィールを見てみたら、私の予想とは違って、署名活動に賛成している人でした。つまり、「まだ署名やってるよ」というのは、「まだやってるから、みんなも協力してね」という呼びかけだったのです。

これがもし話し言葉だったら、揶揄しているかどうかはイントネーションの違いで分かったでしょう。揶揄している場合は、最後の「よ」で音の高さが下がりますが、そうでない場合はむしろ少し上がり気味になります。書き言葉ではイントネーションが分からないので、私のように勘違いしてしまう人間も出てくるわけです。

こういう例は他にもたくさんあります。たとえば、「いいよ」とか「いいですよ」という言葉には「ＯＫ」と同じような承諾の意味と、「必要ない」という断りの意味があります。私たちはそれらをイントネーションで区別しています。裏を返せば、音の情報がない場合、これらをまったく逆の意味に解釈してしまう可能性があるのです。こういったことは、書き言葉を読み書きするときに心に留めておいた方が良いでしょう。

1 参考：ウィクショナリーの項目「こうしょう」
URL: https://ja.wiktionary.org/wiki/こうしょう
2 日本経済新聞夕刊、二〇二三年四月一五日。
3 三幸製菓株式会社。
4 ただし、アクセントは方言差、世代差に左右されます。
5 英語などの場合は、音の強弱によってアクセントが決まります。

2 「ＯＫです」「結構です」——辞書に載っている曖昧さ

「微妙」な味とは？——肯定的な語義と否定的な語義

昔、私が知人に自分の料理を食べてもらったときのことです。「味はどう？」と聞いたら、「微妙」という答えが返ってきました。私はそれを「いまいち良くない」という意味に受け取り、あんまり美味《おい》しくなかったのかと思ってがっかりしました。しかし、後からよく話を聞いてみると、その人は「良い味だ」という意味で「微妙」と言ったということが分かりました。

辞書を引いてみると、「微妙」には「いまいち良くない」という語義の他に、「一言では言い表せない趣があること」という語義もありました。私はこの語義を知らなかったので、「微妙」を否定的な意味だと解釈してしまったのです。

辞書を見ると、「微妙」に限らず、ほとんどすべての単語が複数の語義や用法を持っていることが分かります。ここでは、辞書に載っている曖昧さのうち、とくに気をつけた方がよいと思われるものをいくつか取り上げてみます。

注意すべき表現の筆頭は、先ほどの「微妙」のように、良い意味と悪い意味の両方を持つ言葉でしょう。こういう言葉の中には、もともと悪い意味ではなかったのに、さまざまな事情で否定的な意味が付いてしまった言葉も少なくないようです。

たとえば「忖度《そんたく》」という言葉は、もともとは「相手の真意を推し量ること」でしたが、二〇一〇年代の政治問題の報道とともにこの言葉が広まった結果、「目上の人間の意向を推測して、その人に都合の良いように取り計らう」という意味で使われるようになりました。悪いイメージが付いてしまった「忖度」という言葉の気持ちを忖度すると、ちょっと気の毒に思えてきます。

時間が経《た》つにつれて否定的な意味が出てくるという現象は、「議論が煮詰まる」という表現にも見られます。この表現の解釈には世代差があり、比較的年齢が高い層はこれを「議論が十分になされて、結論が出る」という良い意味に捉えていますが、年齢が低い層では「議論が行き詰まる」という悪い意味に捉える人が多いそうです。[6] 会議の終わり頃に「そろそろ議論も煮詰まってきましたので……」と言ったら、相手によって受け取り方が変わるかもしれません。

逆に、もともとあまり良い意味ではなかったのに、肯定的な意味でも使われるようになった言葉もあります。たとえば「**こだわり**」は、もとは「ささいなことを必要以上に気にすること」でしたが、今では「こだわりの逸品」とか「絶対食べたい！ こだわりスイーツ」のように、「良さをとことん追求すること」の意味でも広く使われています。「**やばい**」も、以前は「危険だ」とか「非常に都合が悪い」という意味で使われていましたが、「すごく良い」という用法が広がっています。若い人たちが何かにつけて「やばい」を連発することをやばいと感じている人も少なくないようですが、あれほど頻繁に使われる背景には、程度の甚だしさをカジュアルに表現できる便利さがあるように思えます。

ある言葉にどのようなイメージを持つかについては、どうしても世代差や個人差が出てきます。万人が、「この言葉には良い意味もあるけど、悪い意味もある」ということを認識しているわけではありません。自分と他人の「頭の中の辞書」がまったく同じではないということを意識しておきたいものです。

問題：次の文の解釈を、傍線部の表現に着目して二通り考えてみてください。

①この仕事、適当にやっておいて。

②お菓子を食べてしまった。

（答えは巻末）

「雪が降ってるみたい」——「推量」か、「例え」か

いわゆる助動詞の中には、複数の異なる意味を持つものが少なくありません。たとえば「みたいだ」はその一つです。

以前、夏の時期に、著名なミュージシャンの方がＳＮＳに**「今日は雪が降ってるみたいだね」**と投稿したことがありました。その投稿を見たファンの方々は驚いて「今どこにいるんですか？」などと反応していました。夏なのに雪が降っているなんて、きっと南半球のどこかにいるに違いないと思った人も多かったようです。しばらくして、そのミュージシャンの方が「霧がすごくて、雪が降っているように見えたんです」と説明したので、みんな「なるほど、そういうことか」と納得しました。

この出来事のポイントは、「みたいだ」の用法にあります。「みたいだ」には、(1)何らかの根拠に基づく推測を表す「推量」の用法[7]と、(2)何かを似たようなものに例える「比況《ひきょう》」の用法があります[8]。

「雪が降ってるみたいだね」の「みたいだ」が推量を表している場合、話し手がなんらかの根拠に基づいて「今、実際に雪が降っている」と推測している、ということになります。こちらは、先ほどの投稿を見た人たちが真っ先に思い浮かべた解釈です。

他方、「雪が降っているみたいだね」の「みたいだ」が比況を表している場合、話し手は目の前の状況について「雪が降っている様子と似たところがある」と述べていることになります。この場合、実際に雪が降っている必要はありません。こちらが、もともと投稿者が言おうとしていたことです。

私たちはふだん、こういった「みたいだ」の意味の違いをあまり意識しませんが、たいていの場合、知らず知らずのうちに使い分けています。

たとえば、「**太郎の家は駅から近いみたいだ**」という文を聞いたとき、たいていの人は「太郎の家は駅から近いと推測される」という、推量の意味に解釈するでしょう。これに対し、「**あの雲はソフトクリームみたいだ**」という文については、「あの雲がソフトクリームのように見える」という比況の意味だと思い、「あの雲はソフトクリームであると推測される」という推量の意味だとは思わないはずです。

先ほどの「雪が降ってるみたいだね」は、たまたまどちらの意味にも取れる例です。こういう例でも、書き手がどういう状況についてそう言っているかが分かれば、曖昧さは消えます。しかし、SNSの投稿では読み手に伝えられる情報が制限されるので、曖昧さが残りやすくなります。

そういう場合に曖昧さを避ける方法として、「どちらか一方としか一緒に現れない表現を使う」という手があります。たとえば、推量の「みたいだ」は、「どうやら」や「どうも」という言葉と一緒に現れます。つまり「どうやら雪が降ってるみたいだね」と言えば、推量の意味だけが残ります。

他方、比況の「みたいだ」は、「まるで」や「あたかも」という言葉と一緒に現れます。よって、「まるで雪が降ってるみたいだね」のように言えば、比況であることがはっきりします。

もちろん、後から他人がこんなふうに言うのは簡単です。誰にとっても、とっさに出た言葉が曖昧かどうかをその場で察知するのは難しいことです。「みたいだ」だけでなく、「ようだ」にも同じような曖昧さがありますので、注意が必要です。

「止められますか？」——受け身、尊敬、可能、自発

「意図している語義とは違う方」に取られるとやっかいな助動詞の代表格は、「(ら)れる」でしょう。たいていの辞書には、「(ら)れる」の語義として（1）受け身、（2）尊敬、（3）可能、（4）自発という、四つの意味が列挙されています。

社会言語学者の井上史雄《ふみお》さんは、エッセイの中で次のようなエピソードを挙げています。[9]

（前略）ある会社の部長が部下を乗せて車を運転していたところ、駐車場を見付けた部下が「**部長、あそこに止められますか？**」といいました。すると部長は「私の運転技術を疑うのか！」と怒ってしまった。部下にしてみれば「お止めになりますか？」という尊敬の意味でいったのに、部長には「止めることができるか？」に聞こえてしまったんです。（強調筆者）

このエピソードの誤解の原因は、話し手が「尊敬」の意味で「（ら）れる」を使ったのに、聞き手は「可能」の意味に取ってしまったことにあります。「（ら）れる」に多くの意味があることを考えると、こういう取り違えが起こるのも仕方がないような気がします。この言葉の曖昧さを実感するため、次の例題を考えてみてください。

例題：次の各文の「（ら）れる」は、複数の解釈が可能です。（1）受け身、（2）尊敬、（3）可能、（4）自発の四つから、少なくとも二つずつ選んでみてください。

①山田先生は道行く人に駅の場所を尋ねられた。
②犯人がこの中にいると思われる。
③山田先生は初日《はつひ》の出を見られた。

①は、「受け身」と「尊敬」の解釈が可能です。受け身の場合は「道行く人が山田先生に駅の場所を尋ねた」と同じ意味になり、尊敬の場合は「山田先生は道行く人に駅の場所をお尋ねになった」と言い換えることができます。また、人によっては取りづらいかもしれませんが、「可能」の解釈もあります。その場合は、「山田先生は道行く人に駅の場所を尋ねることができた」と言い換えられます（↑ちなみに、この「られます」も「可能」の「られる」です）。

②は、「受け身」と「自発」の解釈が可能です。受け身の場合は「犯人がこの中にいると（誰かに）疑われてしまう」、自発の場合は「犯人がこの中にいると思うのが自然である」という意味になります。

③は「尊敬」と「可能」の解釈ができます。尊敬の場合は「山田先生は初日の出をご

覧になった」、可能の場合は「山田先生は初日の出を見ることができた」と言い換えることができます。

以上のように、可能の「(ら)れる」は「~することができる」、尊敬の「(ら)れる」は「お~になる」などの尊敬表現に言い換えれば曖昧さが消えます。

ちなみに「(ら)れる」が「られる」という形で出てくるのは、「見る」のような上一段活用の動詞、「止める」のような下一段活用の動詞、「来る」のようなカ行変格活用の動詞に付くときです。これに対し、「行く」のような五段活用の動詞、「する」のようなサ行変格活用の動詞に付くときは「れる」になります。ただし、可能の「(ら)れる」については、「来られる」を「**来れる**」、「見られる」を「**見れる**」などと言う場合があります。これがいわゆる「ら抜き言葉」です。

ら抜き言葉は「言葉の乱れ」と言って嫌がる人もいるので、どういった場面で使うかは気をつけた方がよいでしょう。しかし、ら抜き言葉を使うことで、可能の意味がはっきりし、「られる」の曖昧さが軽減する効果があることは事実です。

余談ですが、井上史雄さんは著書『日本語ウォッチング』（岩波新書）の中で、「筆者はラ抜きことばを使っていないつもりだった。（中略）ところが、同僚が研究データとして録画した自分の講義のビデオテープをあとで見たら、なんと自分でも使っていた。（中略）「見れる」とはっきり言っていて、すっかり自信をなくした」と書いておられました。専門家にとっても、「使わないようにする」のは難しいようです。ちなみに、私も日常では「ら抜き」をよく使っています。

「大丈夫です」——承諾か、断りか

私たちの日常には、物事を遠回しに言う「婉曲《えんきょく》的な言い方」がたくさんあります。しかしそれだけに、すれ違いも多いようです。次の会話例をご覧ください。

佐藤さん：鈴木さん、なんか悩みがあるんだって？　私で良かったら、話聞くよ。こっちは明日の七時以降だったら空いてるけど、どう？

鈴木さん：（どうしよう。佐藤さんには相談したくないなあ。よし、断ろう）あ、**大丈夫です**。

佐藤さん：じゃあ、待ち合わせは駅前でいい？

鈴木さん：あの、**大丈夫です**。

佐藤さん：じゃ、明日七時に駅前で。

鈴木さん：（断ってるのに、なんで通じないんだろう……）

皆さんにも、こういった「断ったつもりなのに通じない」という経験はないでしょうか。日本語の「大丈夫」には「それでOKです」という肯定の意味の他に、「そんなことをしてもらう必要はありません」と断りを入れる意味もあります。「大丈夫」はこういった正反対の意味を持つため、日本語を外国語として勉強している人々にとっては難しい表現だと言われています。

私も以前、セルフサービスのカフェで食器を下げるときに、食器を返却する場所が分からず迷ったことがありました。「たぶん、すぐそこのカウンターに返却すればいいんだろうな」と思ったのですが、いまいち自信がありません。そこで店員さんに「食器はそこに返却すればいいですか？」と尋ねたところ、「あ、大丈夫ですよ～」という返事が返ってきました。私は、これが「そこに返却してもらってＯＫです」という意味なのか、「私たちが運びますので、お客様に返却していただかなくても結構です」という意味なのか、分かりませんでした。

ちなみにたった今、私は説明の中で「ＯＫです」と「結構です」という言葉を使いましたが、これらも実は曖昧です。以前、雑誌に載せる文章の校正をしているときに、編集者から「ここの数字の表記を、漢数字から洋数字に変えますか？」という問い合わせがありました。私は「変えていいです」という意味で「ＯＫです」と言ったのですが、相手は私が「そのままでＯＫです」、つまり「変える必要はない」と言ったと解釈しました。

最近は、「大丈夫です」や「ＯＫです」を単独で使うのはやめて、「ご提案のとおりでＯＫです」とか「お気遣いいただかなくても大丈夫です」などと言うようにしています。

このように、より具体的な言葉と一緒に使えば曖昧さが消えます。また、こうすることで、「大丈夫です」「ＯＫです」といったやんわりした言葉の真価が発揮されるような気がします。というのも、「ご提案のとおりにしてください」とか「お気遣いは要りません」などのように命令文や否定文の形で言い切ってしまうよりも、「ＯＫです」「大丈夫です」などを付けた方が印象が柔らかくなるからです。

「**結構です**」にも、「それで良いです」という意味と、「要りません」という意味があります。こういった曖昧さが、電話を使った詐欺の手口にも使われることもあります。たとえば、電話口のセールスで「これこれこういう商品がありますが、いかがですか？」と質問されたときに「結構です」と断ると、「承諾した」とみなされ、勝手に商品や契約書が送り付けられることがあるそうです。こういうときは、「要りません」とはっきり否定の形で言いきるのが有効でしょう。

「やらせを疑っていません」——あった？　なかった？

以前、テレビ番組の「やらせ演出」が問題になったとき、「実際にやらせはあったのか、なかったのか」について、さまざまな人が意見を言っていました。その中に、「**私はやらせを疑っていません**」というコメントがありました。

私は「この人は「やらせがあった」という説を疑わしく思っているんだろう。つまり「やらせはなかった」と思っているんだな」と思ったのですが、その人は直後に「やらせがあったという証言が実際の出演者から出ていますから、間違いないと思います」と続けました。つまりこの人は「やらせがあった」と思っていて、私の解釈はこの人の意図と真逆《まぎゃく》だったのです。

この曖昧さは、「〜を疑う」という動詞の曖昧さに由来します。この動詞には、少なくとも次の二つの解釈があります。

「〜を疑う」
①何か悪いことが起こっている（／何か悪いものが存在する）と思う。
②〜は起こっていない（／〜は存在しない／〜は正しくない）と思う。

たとえば、「**その医者は患者の胸部のCTスキャンから、肺炎を疑っている**」という文があったとしましょう。この文では、①の解釈がしやすくなります。つまり、「肺炎が起こっていると思っている」という意味です。これに対し、「**その医者は、他の医者による診断結果を疑っている**」という文では、②の解釈がしやすくなります。つまり、「他の医者による診断結果が正しくないと思っている」という解釈です。

こんなふうに、「疑う」自体がまったく異なる二つの意味を持つため、これに「ない」が付いた「疑っていない」にも、その二つの意味が受け継がれます。①の「疑う」に「ない」を付けると、「〜が起こっている（存在する）とは思っていない」という意味になり、②に「ない」をつけると、「〜が起こっていない（存在しない）とは思っていない」という意味になります。かなりややこしいと言わざるを得ません。「疑っている」という言葉を使ったときは、相手に意図がきちんと伝わっているかを疑った方がいいかもしれません。

問題：次の「〜を疑う」は、（1）「何か悪いことが起こっていると思う」と、（2）

「〜は正しくないと思う」のどちらに解釈しやすいでしょうか？
①その刑事は、目撃者の証言を疑っている。
②その刑事は現場を検証した結果、内部の人間による犯行を疑っている。（答えは巻末）

「危ない」は危ない

「危ない」という言葉の曖昧さが、社会に混乱をもたらしたことがあります。
一九七三年、愛知県にある信用金庫が倒産しそうだという噂が流れ、預金を引き出そうとした人々が殺到したという出来事がありました。噂は事実無根だったのですが、その発端となったのは、地元の人が何気ない会話の中で発した**「信用金庫は危ない」**という言葉だったそうです。[10]
最初に「信用金庫は危ない」と言った人は、「信用金庫は金融機関だから、強盗が入る危険性がある」と言ったつもりでした。しかし、それが他の人々へ伝言ゲームのように伝わっていくうちに、「その街にある信用金庫の経営が危ない」という意味に変わっていきました。つまり、もともと「物理的・身体的に危険だ」という意味で使われていた「危ない」が、「組織の存続が危うい」と解釈されてしまったのです。

形容詞の中には、「危ない」以外にも、物理的な側面や目に見える状態のことを言っているのか、抽象的で目に見えない状態のことを言っているのかで曖昧になる表現が少なくありません。たとえば「高い」には、物理的な高さを表現する場合もあれば、値段の高さを表す場合もあります。何の脈絡もなく「**あのビルは高い**」と言われると、高さが高いのか、値段が高いのか分かりません。

「○○は危ない」「○○は高い」のように、シンプルな文の中で形容詞をポンと使うのは、かなりリスクが高そうです。対処法としては、「こういう意味で危ない」とか「これこれこうだから危ない」などのように、どの側面のことを「危ない」と言っているのか、あるいはどういう理由で「危ない」と言っているのかを補足するという手がありますす。回りくどくなってしまいますが、社会を混乱させる危険性すらあることを考えると、話の簡潔さが多少犠牲になっても仕方がないかもしれません。

6 文化庁文化部国語科（二〇一二）「議論が「煮詰まる」のは良いことか？」、『文化庁月報』五二〇号、平成二四年一月号。

7 正確には「証拠推量」というものです。これは、話し手が経験していることに基づく推量です。

8 これらの他にも、物事を遠回しに述べる「婉曲」の用法などがあります。たとえば時計が五時を指しているのを見て「五時になったみたい」と言う例などがそれにあたります。

9 https://www.athome-academy.jp/archive/literature_language/0000000194_all.html

10 参考：伊藤陽一、小川浩一、榊博文（一九七四）「デマの研究：愛知県豊川信用金庫〝取り付け〟騒ぎの現地調査（概論・諸事実稿）」、『総合ジャーナリズム研究』第六九号、七〇-八〇頁、東京社。

3 「冷房を上げてください」――普通名詞の曖昧さ

「友達を連れてくる」――単数か、複数か

前章で見た曖昧さは、たいていの辞書を見れば載っています。しかし、言葉の曖昧さの中には辞書に書いていないものもありますし、むしろそちらの方が多いのです。

たとえば、私たちは普段、「猫」や「友達」や「建物」といった「普通名詞（あるいは一般名詞）」を頻繁に使います。これらは「同じようなものの集まりに付けられた、一般的な呼び名」です。日常的な言葉のすれ違いを観察していると、普通名詞の曖昧さが原因になっているものが少なくありません。しかも、その曖昧さは普通名詞全般に共通して見られるものですから、辞書には載らないのです。

そういった曖昧さの筆頭として、「単数か、複数か」という曖昧さが挙げられます。

日本語の普通名詞は、そのままで一つのものを指すことも、複数のものを指すこともあります。

以前、インターネットを見ていたら、子どもを持つ親御さんが「今日、家に**友達を連れてくるね**」と言うので、てっきり一人か二人かと思ったら、一〇人以上連れてきてびっくりした」と書いておられました。これも、「友達」という言葉の曖昧さの仕業です。

英語では原則として、apple（単数）→apples（複数）、student（単数）→students（複数）のように、複数のものを指す名詞には「s」を付け、単数の場合と区別します。[11] しかし日本語にはそのような区別がありません。「単数か複数か分からないと困るから、英語のようにはっきりしていた方がいい」と思う人もいるかもしれませんが、たいていの場合は、わざわざ単数か複数かを明確にしなくても、文脈や常識からおおよその数が推測できます。

たとえば、「**その有名歌手は、東京ドームに集まったファンの大歓声の中で、ヒット曲の数々を歌い上げた**」という文の「ファン」は、おそらく数万人でしょう。また、野球の試合の前に監督が「**これから、スターティングメンバーを発表する**」と言った場合は九人でしょう（ただし、指名打者制度を採用している場合は一〇人になります）。これに対し、何かの大会で「**優勝者には、トロフィーが贈られます**」と言う場合は、「優勝者」は一人で、「トロフィー」もおそらく一つだと推測できます。

日本語で複数のものを表すには、「人々」「山々」「島々」「家々」のように語を重ねる方法（畳語《じょうご》）や、「鳥たち」「生徒ら」「悪党ども」「先生がた」のように、名詞に「たち」「ら」「ども」「がた」などを付ける方法があります。ただし、こういった方法は一部の名詞にしか使えません。たとえば、「複数のお店」を「店々」と言ったり、「複数の車」を「車々」と言ったりすることはできません。また、「たち」や「ら」も、原則として生き物を表す言葉にしか付きません。中には「夜空に輝く星たち」や「魅力的な本たち」といった表現も見受けられますが、詩的な表現やキャッチコピーなど、特殊な場合に限られます。

「たち」や「ら」については、注意すべき点があります。新型コロナウイルスが猛威を振るっていた頃、ニュースで「**幼稚園児ら二〇人が感染**」という見出しを見たことがありました。私はとっさに「幼稚園児が二〇人も感染したのか」と思いましたが、記事の中身を読んでみると、感染した二〇人のうち園児は数名で、他は大人の人たちでした。

ここでの誤解の原因は、普通名詞に「たち」が付いた「〇〇たち」や「〇〇ら」という表現の曖昧さです。このような表現には、次の二つの解釈があります。

「〇〇たち」「〇〇ら」
①それが指すものがすべて、〇〇である。
②一部のみが〇〇であって、他はそうではない。

「たち」や「ら」に②のような意味があることは、**「山田さんたち」「アメリカ大統領ら」**といった表現を考えれば分かります。「山田さん」は人の名前を表す固有名詞、「アメリカ大統領」は一人の人物が担う役割の名前です。私たちは普通、「山田さんたち」「アメリカ大統領ら」を、「山田さん（／アメリカ大統領）を含む複数の人々」であると解釈し、「その集団の全員が山田さんである」とか「全員がアメリカ大統領である」というふうには考えません。

これと同じような解釈が、「幼稚園児ら」にもあるのです。「幼稚園児ら二〇人が感染」という見出しを見た私は、「幼稚園児ら」を①のように解釈しましたが、記事が意図していたのは②の方だったということです。

一般に、「〇〇たち」「〇〇ら」を②の意味で使う場合、「〇〇」には話し手（書き手）が重要だと考える情報が入ります。「幼稚園児ら二〇人が感染」についても、幼稚園児の存在が情報として重要だったために、こういう見出しになったのでしょう。ただし、「たち」「ら」をこのように使う場合も、①のように解釈する人が出てくることを心に留めておいた方がいいかもしれません。

「日本人はマナーが良い」――一部か、全体か

先ほど、普通名詞のことを「同じようなものの集まりに付けられた一般的な呼び名」と説明しました。「同じようなものの集まり」のことを「カテゴリー」と言います。つ

まり普通名詞は、何らかのカテゴリーに対する呼び名、ということになります。普通名詞には、「そのカテゴリーに属するものの一部」を表す場合と、「そのカテゴリーに属するもの全般」を表す場合があります。

「A大生（＝A大学の学生）は頭がいい」という文を例に挙げて説明してみます。仮に、大学対抗のクイズ大会があり、A大学、B大学、C大学から一人ずつ代表者が出て点数を競っているとします。A大生が次々にクイズに正解しているような状況でこの文が発せられた場合、この文はA大学の代表、つまりA大生のうちの一人のことを「頭がいい」と言っていることになります。

これに対して、「A大、B大、C大のうち、学生が賢い大学はどれだろう？」という問いへの答えとして「A大生は頭がいい」が発せられた状況を考えてみます。その場合は、A大学に属する学生全般について「頭がいい」と言っている解釈がしやすくなります。

ここで注意しなければならないのは、私たちはかなり気軽に「カテゴリー全般」の意味で普通名詞を使ってしまうことです。

たとえば、スポーツの世界大会があると、応援に行った日本人サポーターが観戦後に座席をきれいにする様子がたびたび報道され、「**日本人はマナーが良い**」などと言われることがあります。そういうことを聞くと私もなんとなく嬉《うれ》しくなって、つい「カテゴリー全般」の意味で「やっぱり日本人ってマナーがいいんだよね！」と言いたくなってしまいます。しかし、現実には日本人の中にもマナーが良くない人はいます。なんなら私自身も、マナーが良い方かと言われると、あまり自信がありません。

厳密に考えれば、「日本人はマナーが良い」という文の「日本人」は、「観戦後に座席をきれいに掃除した日本人サポーターの人々」です。つまり、日本人全般ではなく「その一部」です。よって、「日本人の中にマナーが良い人たちがいる」ということは事実ですが、そこから「日本人はみんなマナーが良い」と言うのはやや言い過ぎです。

普通名詞を使った文は、たびたびこういう「言い過ぎ」を引き起こしてしまいます。私たち人間には、「いくつかの例を見ただけなのに、それが全体に当てはまると思い込んでしまう」という「考え方の癖」があります。このような考え方を、専門用語で「過剰一般化」と言います。普通名詞の曖昧さは、私たちの過剰一般化にしばしば拍車をかけてしまいますし、ひどい場合には、「言い過ぎ」の発言がいわゆる「炎上」を引き起こすこともあります。

普通名詞を含む文が「言い過ぎ」になっていないかどうかに気をつけるのは簡単ではありません。しかし一つの方法として、「述語の方に気をつける」という手があります。つまり「何がどうした」の「どうした」の部分に目を向けるのです。

たとえば、「**猫は今、水を飲んでいる**」や「**太郎は猫を動物病院に連れて行った**」などという文では、「猫」という普通名詞を「猫全般」と解釈する人はいないと思います。現実的に考えて、猫全般がいっせいに水を飲んだり、すべての猫を病院に連れて行ったりすることは不可能だからです。一般に、「動作や単独の出来事を表す述語」と一緒に現れる普通名詞は、「カテゴリー全般」という解釈はしにくくなります。

これに対し、「**猫はすばしっこい**」や「**猫はマタタビが好きだ**」のように「性質を表す述語」と一緒に出てくる普通名詞は、「カテゴリー全般」という解釈がしやすくなります。

先ほどの「日本人はマナーが良い」という文も、「マナーが良い」が性質を表す述語であるために、「日本人はみんなマナーが良い」という解釈がしやすくなっています。もしこれが「**日本人が観戦後に座席をきれいに掃除した**」という文だったら、「日本人」=「観戦をしていた日本人サポーターの人たち」ということが明確になり、「日本人はみんな」という解釈はしづらくなります。過剰一般化を伴う「言い過ぎ」の文にならないように、「実際になされた行為や、起こった出来事の方に注目して話をする」のは有効だと思います。

「先生が変わった」——特定のものか、役割・性質か

普通名詞には、また別の種類の曖昧さもあります。次の会話例を見てみてください。

佐藤さん：鈴木さん、今もダンス教室に通ってるの？
鈴木さん：ううん。なんか、**先生が変わっちゃった**から行かなくなっちゃった。
佐藤さん：へー。新しい先生と合わなかったの？

鈴木さん：新しい先生なんて来てないよ。元からいたダンスの先生が、去年の秋頃から急に厳しく指導するようになったの。それでやめちゃったってわけ。

この会話のポイントは「（ダンス教室の）先生」と「変わっちゃった（変わった）」という言葉の曖昧さです。まず「先生」の方に、「先生という役割」か、それとも「先生という役割を担う特定の人物」（たとえば山田先生）か、という曖昧さがあります。そして「変わる」という言葉にも、「中身が入れ替わる」という意味と、「性質が変化する」という意味があります。

「先生という役割」を表す「先生」と、「中身（役割を担う人）が入れ替わる」という意味の「変わる」が組み合わさると、先の会話で佐藤さんが頭に思い浮かべた「先生が新しい人になった」という意味になります。その一方で、「先生という役割を担う特定の人物」を表す「先生」と、「性質が変化する」という意味の「変わる」が組み合わさると、鈴木さんが意図した「先生の性格（や指導方針）が変化した」という意味が出てきます。

「役割」か「役割を担う特定の人物」かという曖昧さは、「先生」だけでなく、「大統領」「担当者」「院長」「監督」など、役割を表す言葉全般にみられます。二〇二三年五月には広島でG7サミットが開催され、ニュースでは「**アメリカ大統領が来日した**」と報じられました。この場合の「アメリカ大統領」は、そのときにアメリカ大統領を務めていたジョー・バイデン氏のことを指します。よって、文全体としては、「ジョー・バイデン氏が来日した」という文と同じ意味になります。

これに対し、「**アメリカ大統領は四年ごとに選出される**」という文はどうでしょうか。このときの「アメリカ大統領」は、「ジョー・バイデン氏」のような特定の人物を表してはいません。というのも、この文の「アメリカ大統領」を「ジョー・バイデン氏」に置き換えると、「ジョー・バイデン氏は四年ごとに選出される」という、まったく違う意味になってしまうからです。この場合の「アメリカ大統領」は、その役割を担う特定の人物ではなく、「役割そのもの」を表していると考えた方がよいでしょう。

また、役割を表す言葉以外の普通名詞にも、似たような曖昧さがみられます。たとえば、「太郎は猫を飼っている」という文の「猫」は、特定の猫のことです。もしその猫の名前が「ミケ」なら、その文は「太郎はミケを飼っている」という文と同じ意味になります。これに対し、**「太郎は猫を飼いたがっている」**という文には、「太郎が特定の猫（たとえばミケ）を飼いたがっている」という解釈の他に、「猫であるという性質を満たすものを飼いたがっている（が、特定の猫を念頭に置いているわけではない）」という解釈もあります。つまり「猫」という名詞には、特定のものを指す場合の他に、「猫であるという性質を満たす何か」を表す場合があるのです。

この種の曖昧さに慣れるために、次の例題を考えてみてください。

例題：以下の各文では、傍線部の解釈の仕方によって、少なくとも二つの解釈があります。それぞれがどんな解釈か考えてみましょう。

①太郎は恋人を探している。

②花子の志望校が変わった。

③太郎はお金持ちと付き合いたがっている。

---

①の文を見て、「太郎の恋人が今どこにいるのか分からないのかな?」と思った人は、おそらく「恋人」を「特定の人物」だと解釈しています。この解釈では、「恋人」を特定の人物(たとえば「花子」)に置き換えて、「太郎は花子を探している」と言っても意味は変わりません。一方、「太郎は今恋人がいないから、恋人がほしいんだな」と思った人は、「恋人」を「恋人という役割を満たす誰か」と解釈しています。

②を見て、おそらく多くの人は「花子が志望校をA校からB校に変えた」と解釈すると思います。しかしこの文には、「花子の志望校であるA校に、何らかの変化(校名、校風、教育方針など)が起こった」という解釈もあります。前者の場合、「花子の志望校」は「役割」を表しており、後者の場合は「役割を担う特定の学校」を表しています。

通常、「役割」と言うと、職業や役職など、人間によって担われるもの、というイメージがあるかもしれません。しかし、言語学ではより広く、「ものによって担われる役割」も考慮に入れます。「(誰かの)志望校」「出身校」は学校によって担われる役割であり、「メインディッシュ」「デザート」は料理によって担われる役割、「普段着」「一張羅」は服によって担われる役割であると見なすことができます。こんなふうに考えると、

「役割を表す語」はたくさんあるのです。

③は、「太郎が特定のお金持ち（たとえばAさん）と付き合いたがっている」という解釈と、「太郎は誰でもいいからお金持ちと付き合いたがっている」という解釈があります。後者の「お金持ち」は「お金持ちであるという性質を満たす誰か」を表しています。「誰でもいいから」のような表現があると、「性質を満たす誰か」という解釈がしやすくなります。

「ギターの音を下げて」——どの側面のことを言っている？

先日テレビを見ていたら、ブラックマヨネーズの吉田さんが次のようなエピソードを話しておられました。[12] 芸人仲間と居酒屋で飲んでいたところ、店内が暑くなってきたので、後輩の芸人さんに「お店の人に、室温を下げるように言って」と頼んだそうです。するとその芸人さんが、お店の人に「すみません、**冷房を上げてください**」と言ったというのです。吉田さんは「それだと室温を上げられてしまう」と思い、慌てて訂正した

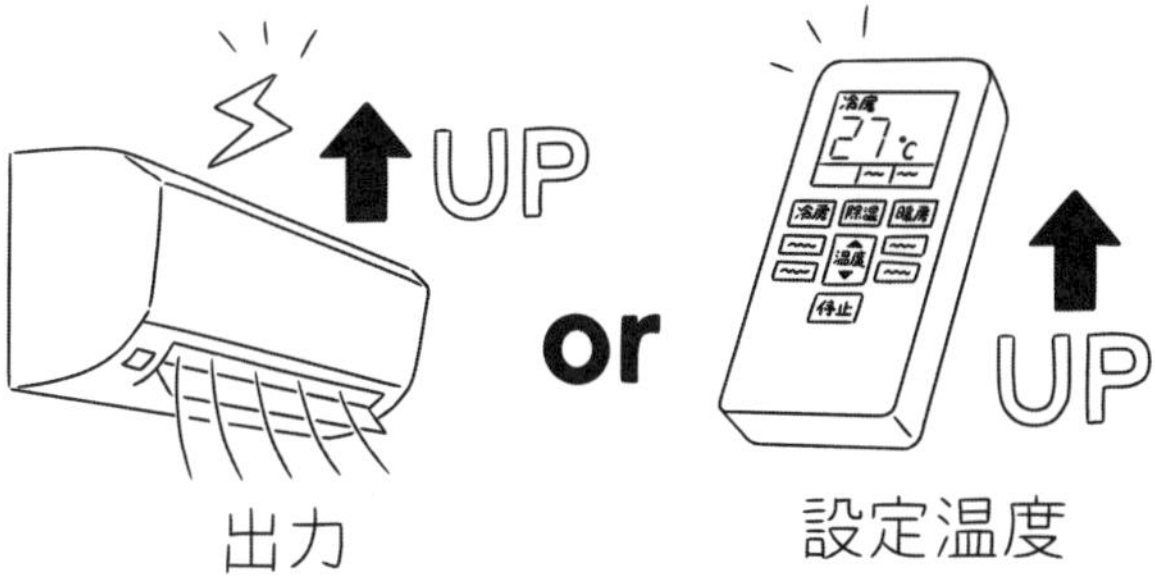
UP
出力
or
UP
設定温度

すみません冷房を上げてください

ということでした。

この「冷房を上げてください」は、とても面白い例だと思います。後輩の芸人さんは、これを「室温を下げてください」という意味で言ったはずですが、この文には吉田さんが思い浮かべたような「室温を上げてください」という解釈もあります。いったい何が、こういった曖昧さを生んでいるのでしょうか?

重要なのは、「**冷房**」という言葉が、「冷房装置の出力(風速)」を表す場合と、「冷房装置の設定温度」を表す場合があるということです。

冷房装置の出力(風速)を上げると、室温が下がります。吉田さんの後輩の方はおそらく、室温を下げてもらうために「冷房(の出力)を上げてください」と言ったのでしょう。しかし、吉田さんが心配したように、もし店員さんがその言葉を「冷房の設定温度を上げてください」と解釈すると、室温を上げられてしまう可能性があります。

このように、「冷房」という言葉一つ取っても、それが冷房のどの側面を表しているかによって、解釈が大きく変わります。

この種の曖昧さは、他の表現についてもみられます。たとえばロックバンドの練習中に、誰かがギター奏者に「**ギターの音を下げて**」と言ったとしましょう。この場合、「ギターの音」が音量のことなのか、音程（キー）のことなのか曖昧です。

また、病院でお医者さんに「**もうちょっと、食べるものを増やした方がいいですね**」とアドバイスをされたとしたら、皆さんはどのように解釈しますか？　おそらく「食べるものの量を増やせと言っているんだろう」と思う人が多いと思いますが、もしこれが偏食に対するアドバイスだったら、「食べるものの種類を増やす」という意味かもしれません。

問題：次の発言の傍線部にはどのような解釈がありうるか、考えてみましょう。

「スマホのバッテリーがなくて困っている」

（答えは巻末）

「テストがない」——出来事か、物体か

普通名詞の中には、出来事を表すか物体を表すかで曖昧なものもあります。

たとえば、誰かが「**テストがない**」と言ったとします。この場合、その人が「試験そのものがない」と言っている可能性もあれば、「答案用紙がない」と言っている可能性もあります。つまり「テスト」には、試験という「出来事」を表す場合と、答案用紙という「物体」を表す場合があるのです。

こういう名詞はたくさんあります。たとえば「**食事**」という名詞は、食事という行為なのか、食事のときにいただく食べ物（物体）なのか曖昧です。他にも、「**記録**」（記録する行為か、記録された結果か）、「**照明**」（明るく照らす行為か、照明用の器具か）など、似たような表現はいくらでも見つかります。

出来事を表すか物体を表すかが曖昧な名詞であっても、文脈によって曖昧さが消えることがあります。たとえば、「**先生がテストを配った**」と言う場合の「テスト」は答案用紙（物体）の方です。よって、「先生が答案用紙を配った」と言い換えても意味は変わりません。これに対し、「**テストの範囲が分からない**」と言う場合は、「答案用紙の範囲が分からない」と言い換えると意味不明な文になります。つまりこの場合の「テスト」は、答案用紙ではなく、試験という出来事を指していると考えられます。

問題：次の①〜④の傍線部の言葉は、「出来事（あるいは行為）」を表すでしょうか。それとも「物体」を表すでしょうか。考えてみましょう。

①太郎は貯金を生きがいにしている。
②太郎は欲しいものを買うために貯金をすべて使った。
③アレルギーを引き起こしやすい原材料の表示は、法律で義務づけられています。
④食品を買うときは、表示をよく見てから買いましょう。

（答えは巻末）

「お酒を控えて」——提喩と換喩

普通名詞は、それだけで比喩的に使われることもあります。次の会話を見てください。

（会社の飲み会にて）

佐藤さん：あれ？　鈴木さん、もしかしてお酒飲んでる？

鈴木さん：飲んでないよ。
佐藤さん：嘘《うそ》言わないでよ。それ、どう見てもウィスキーだよ！　鈴木さん、お医者さんから**「お酒を控えて」**って言われてるんでしょ？
鈴木さん：だから、お酒は飲んでないって。ウィスキーしか飲んでないから。

このやりとりのポイントは**「お酒」**の曖昧さです。「お酒」は「アルコールを含む飲み物全般」を意味することもあれば、「日本酒」を意味することもあります。お医者さんの言う「お酒を控えて」は、ウィスキーやワインなども含め、酒類全般を飲むことを禁止しているはずです。しかし、鈴木さんは（わざと？）「日本酒を控えて」という意味だと解釈しているわけです。

「お酒」のように、「特定の種類のもの（ここでいう「日本酒」）を表す言葉が、それを含むより広い範囲のもの（アルコールを含む飲み物全般）を表すような現象」を、**提喩《ていゆ》（シネクドキ）**と言います。「お酒」以外にも、同様の例は多く見られます。たとえば**「ご飯」**は「炊いたお米」ですが、食事全般を指すこともあります。また、人によっては、シャワーを浴びることも含め、身体をお湯で洗う行為全般を「お風呂に入る」と言うこともあるようです。

また逆に、もともと広い範囲のものを表す言葉が、より狭い、特定の種類のものを表すこともあります。こういった現象も、提喩に含まれます。たとえば「**花**」は普通、植物全般の花を意味しますが、「お花見」のように使われる場合はたいてい桜の花を意味します。

提喩に慣れるために、次の例題を考えてみてください。

例題：次の各文の傍線部がそれぞれ何を意味しているか考えてみましょう。
①（和食屋にて）「お飲み物は何になさいますか？」「あたたかいお茶をお願いします」
②今度、お茶でも飲みましょうよ。
③今朝はパンを食べた。
④人はパンのみにて生きるものにあらず。（格言）

---

⑤今日の天気は雨だ。
⑥明日天気になあれ。

①の「お茶」は、日本茶を指していると考えられます。これに対して②では、日本茶や紅茶だけでなく、コーヒーやその他の飲み物も含みます。喫茶店で日本茶を飲まずにコーヒーを飲んだ場合でも、「お茶を飲んできた」と言うことができます。

③の「パン」は、私たちが「パン」と聞いてすぐに思いつく「小麦粉をこねて発酵させて焼いたもの」です。これに対し④の「パン」は、パンだけでなく生活の糧となるもの全般を指しています。この格言の意味は、人は物質的なものだけによって生かされているのではなく、精神的な支えも必要だということです。けっして、「パンだけでなく、たまにはご飯も食べよう」という意味ではありません。

⑤の「天気」は大気の状態全般を表しますが、⑥は「晴れ」を指します。

提喩は比喩の一種です。比喩というのは、簡単に言えば「何かを指したり表したりするときに、それと類似性のある別の言葉を使うこと」です。
日常の中でよく使われる比喩として、提喩の他に「換喩《かんゆ》（メトニミー）」というものもあります。これは、「何かを表すときに、それに関係の深い物事の名前を使うこと」です。

たとえば、日本では政界、つまり政治の世界のことを「永田町」と呼ぶことがあります。厳密に考えれば、政界そのものは「政治に関わる人々の集団」であり、永田町という「場所」とは異なります。にもかかわらず「永田町」が「政界」という意味を担えるのは、永田町に国会議事堂や首相官邸など、政治関係の建物があるからです。

こういった、「人間の集団を、それと関わりの深い場所の名前で呼ぶ」というタイプの換喩は、日常ではよく見られます。読者の皆さんのお宅でも、離れたところに住む親戚のことを、その親戚が住んでいる土地の地名で呼んだりすることがあるのではないでしょうか。

何かのことを言い表すときに、それが持つ「特徴的な部分」を呼び名に使うこともあります。野良猫たちの視点で描かれる児童文学の名作『ひげよ、さらば』（上野瞭著、理論社）では、猫たちが人間のことを「二本足」と呼んでいます。それは、四本足で歩く猫たちから見て、人間たちの「二本足で歩く」という特徴が際立っているからでしょう。

漫才コンビの中川家のコントを見ていたら、礼二さん扮《ふん》する大阪のおばちゃんが、コンビニエンスストアのことを「二十四時間」と呼んでいました。「あんた、今から買い物行ってきて。え？　もう遅いから店が開いてないって？　〝二十四時間〟に行ったらええがな」という感じです。「コンビニ」という略称があるのに、それよりも長い「二十四時間」という呼び名を使っていることに思わず笑ってしまいました。

換喩も、場合によっては曖昧さを引き起こします。次の例題を考えてみてください。

例題：次の各文は、傍線部をどのように解釈するかによって、少なくとも二通りの解釈を持ちます。それぞれ、どんな解釈か考えてみましょう。

①山田さんは鍋を作っている。

②花子は霞が関で働いている。

---

①は、「鍋」を文字通りに調理器具の鍋と考えるか、鍋料理、つまり鍋を使った料理と考えるかで曖昧です。前者の場合、山田さんは（陶芸か金属の加工によって）鍋を作っているということになり、後者の場合は、鍋料理を作っているということになります。

②の「霞が関」は、東京の地名です。この地には中央省庁の庁舎があるため、「霞が関」の名称は官界（官僚の世界）の意味でも使われます。「霞が関」を文字通りに地名と取るか、官僚の世界と考えるかによって、文の意味が変わってきます。前者の場合は、「花子の職場が霞が関にある」という意味になり、必ずしも花子が官僚の世界にいることにはなりません。後者の場合は「花子は官僚の世界で仕事をしている」ということになります。

「奥さんです」――「誰にとっての」を必要とする名詞

次の会話を読んで、佐藤さんと鈴木さんの間にどんなすれ違いがあるか、考えてみてください。

（佐藤さん宅のホームパーティにて）

鈴木さん：素敵なお宅ですね。こんなに大勢のお客さんを呼んで、パーティができるなんてうらやましい。

佐藤さん：まあ、これだけ広い家を建てられたのは、うちの奥さんが仕事を頑張ってくれたおかげなんですが。

鈴木さん：ところで、あそこにいる男性はどなたですか？

佐藤さん：僕の高校時代の同級生の田中くんです。

鈴木さん：そうですか。では、田中さんと話をしている女性は？

佐藤さん：奥さんです。奥さんも、高校時代の同級生なので。

鈴木さん：そうですか。こうやって見ると、田中さんと奥さんはお似合いのご夫婦ですね。

佐藤さん：えっ。田中くんと、僕の奥さんがお似合い、ですか？

鈴木さん：えっ、あれは、佐藤さんの奥さん？
佐藤さん：そうですよ。
鈴木さん：そうでしたか、失礼しました……。

この会話で佐藤さんと鈴木さんのすれ違いを引き起こしているのは、佐藤さんの「**奥さんです**」という言葉です。佐藤さんは、これを「僕の奥さんです」と言ったつもりでした。これに対して鈴木さんは、佐藤さんが「田中さんの奥さんです」と言っていると解釈してしまいました。

このすれ違いには、「奥さん」という言葉の特性が関わっています。「奥さん」という言葉は、それだけでは意味が決まらないため、情報の補足を必要とします。つまり、「誰にとっての奥さんか」という情報がないかぎり、いったい誰のことを指しているのかが分からないのです。[13] 先の会話例のように、「奥さん」が単独で使われた場合は、聞き手はどうにかして「誰にとっての奥さんか」を推測する必要があります。

このような補足情報を必要とする名詞には、「奥さん」以外にも、「弟」「友人」「かかりつけ医」などがあります。また、人間を表す言葉だけでなく、「愛車」「勤務先」「母校」など、人間以外のものを表す言葉もあります。「誰にとっての」に相当する情報も、人間ばかりとは限らず、「(どこかの学校の)校歌」、「(どこかの地方の)名物」、「(何かの)本場」、「(何らかのイベントの)主催者」のように、多岐にわたります。

推測の手がかりはさまざまです。補足される情報の候補としては、同じ文中に出てきた名詞や、その文の話し手、その文脈で話題になっている物事などが有力ですが、常識にも左右されます。話し手と聞き手との間で十分な知識が共有されていない場合は、推測がうまくいかないこともあります。

たとえば先ほどの会話例では、佐藤さんにとって、向こうで田中さんと話している女性が自分の奥さんであることは明らかです。また佐藤さんは、それまでの鈴木さんとの会話の中で、すでに自分の奥さんのことを話題に出しています。よって、佐藤さんが、「奥さんです」という言い方で「僕の奥さんです」という意図が伝わると思ってもおかしくありません。しかし聞き手である鈴木さんの立場からすると、田中さんと話している女性のことを「田中さんの奥さんだろう」と思ってしまうのも無理はありません。

問題：次の文の「弟」は、誰の弟だと考えられるでしょうか？
①容疑者の人となりをくわしく知るため、刑事は弟に話を聞いた。
②知らない人から、弟に電話がかかってきた。
（答えは巻末）

以上、この章では普通名詞の曖昧さについて見てきました。普通名詞は名詞の一部に過ぎませんが、これだけの種類の曖昧さがあります。この章では普通名詞が単独で現れるケースを中心に見てきましたが、普通名詞が修飾語と一緒に現れる場合にも、ここで見た曖昧さが受け継がれます。

とくに、最後に見た「奥さん」や「弟」のように、「誰にとっての」という情報を必要とする名詞は、「AのB」という形の表現と深い関わりを持っています。これについては次章で解説します。

11 ただし、可算名詞の場合です。

12 フジテレビ『ホンマでっか⁉ＴＶ』、二〇一三年三月一五日。

13 このタイプの名詞は、言語学では「非飽和名詞」と呼ばれています。くわしくは、次の文献等をご覧ください。西山佑司（一九九〇）「「カキ料理は広島が本場だ」構文について―飽和名詞句と非飽和名詞句―」、『慶應義塾大学言語文化研究所紀要』二二、一六九－一八八頁。

4 「私には双子の妹がいます」――修飾語と名詞の関係

「かっこいい車」や「明日の試合のスターティングメンバー」のように、名詞に修飾語がついた表現のことを、言語学では「名詞句」と呼びます。[14] 名詞句には、修飾語が付いたことによって生じる曖昧さがあります。以下では修飾語と名詞の相乗効果によって引き起こされる「すれ違い」を見ていきましょう。

「誰の絵ですか？」――自由すぎる「AのB」

日本を代表するアニメ監督、宮崎駿《はやお》の作品には、「**の**」という助詞が入ったものが多いと言われています。確かに、「風の谷のナウシカ」「魔女の宅急便」「となりのトトロ」「天空の城ラピュタ」「ハウルの動く城」「千と千尋の神隠し」など、「の」が入っている作品はいくつもあります。しかしなぜ、これほど多くのタイトルに「の」が入っているのでしょうか。ここには、「の」の自由さが関わっていると考えられます。
「の」という助詞は、実に多くの意味を表すことができます。たとえば「**風の谷のナウシカ**」は「風の谷に住んでいるナウシカ」、「**魔女の宅急便**」は「魔女が営んでいる宅急便」、「**天空の城ラピュタ**」は「天空にある城ラピュタ」、「**ハウルの動く城**」は「ハウルが所有する動く城」、「**千と千尋の神隠し**」は「千と千尋の身に起こった神隠し」です。このような自由さが、「の」があちこちに出現できる理由です。

逆に、「の」では表せない意味を考えるのは、かなり難しいことです。言語学でも、「AのB」という形の表現に何通りの意味があるかが研究されていますが、実のところ、それまでの文脈でAとBの関係がはっきりしていれば、たいていは「AのB」という表し方ができるようです。[15] それほどまでに、日本語の「AのB」は自由な解釈を許すのです。

これは逆に言えば、文脈がよく分からない場合、「の」がどんな関係を表しているかが分かりにくくなるということでもあります。たとえば、「**これは誰の絵ですか?**」という疑問文を考えてみましょう。すぐに思いつく解釈は、「これは誰が描いた絵ですか?」という、絵の作者を尋ねるものでしょう。しかし、もしその絵が人物画ならば、「これは誰を描いた絵ですか?」というふうに、描かれている人物を尋ねている可能性もあります。さらに、もし話し手が「この絵を買い取りたい」と思っている場合は、「これは誰が所有している絵ですか? 私はその人からこの絵を買いたいのですが」と訊いている可能性も出てきます。

先日は、とあるサイトで「**東野圭吾《ひがしのけいご》さんのおすすめ小説**」という表現を見ました。私はこれを「小説家の東野圭吾さんが、他の人の小説をおすすめしているのかな」と思いましたが、実際に見てみると、そのサイトがおすすめする東野圭吾さんの小説が列挙されていました。つまり「東野圭吾さんご本人が選んだおすすめ小説」ではなく、「東野圭吾さんの小説の中から、当サイトが選んだおすすめ小説」だったわけです。

話し手と聞き手の間で文脈がうまく共有されていない場合は、「の」を別の言葉に言い換える必要も出てきます。練習のために、次の例題を考えてみてください。

―**例題**：次の各表現の「の」を、他の言葉に言い換えてみましょう。解釈は、皆さん―

が最初に思いついた解釈でかまいません。

①ルノワールの人物画
②織田信長の肖像画
③TOYOTAの車
④友人の車
⑤近所の公園
⑥雨の公園

①については、ルノワールが画家であることを知っている人はおそらく、「ルノワールが描いた人物画」と言い換えることが多いでしょう。もちろん、文脈によっては「ルノワールを描いた人物画」のような解釈も可能です。これに対して②は、「織田信長を描いた肖像画」と言い換える人が多いと思います。ただし、文脈によっては「織田信長が描いた肖像画」と解釈することも可能です。

③は、「TOYOTAが製造した車」と言い換える人が多いでしょう。これに対し④

は、「友人が所有する車」と言い換える人が多いのではないでしょうか。ただしこの他にも、「友人が今運転している車」「友人がレンタカー屋で借りてきた車」など、いろいろな可能性が考えられます。

⑤は「近所にある公園」、⑥は「雨が降っている公園」のように言い換える人が多いと思います。

日本語の「AのB」の意味の多様性は、英語の「B of A」や「A's B」といった表現と比較すると、より明確になります。一般に、日本語の「の」を英訳するときには、「of」や「's」が使われがちです。たとえば「シェイクスピアの戯曲」（＝シェイクスピアが書いた戯曲）の英訳は「the plays of Shakespeare」、「花子の本」（＝花子が所有する本）の英訳は「Hanako's book」のようになります。その一方で、「of」や「's」で表現できない「の」もたくさんあります。たとえば「**雨の公園**」は、「park of rain」や「rain's park」といった英訳ができず、「rainy park」や「park in rain」のような表現をしなければなりません。また「**春の東京**」の英訳も、「the spring's Tokyo」や「Tokyo of the spring」ではなく、「Tokyo in the spring」のようになります。[16] つまり日本語の「の」には、英語の「of」や「's」の表す範囲に収まらない意味があると言えそうです。

「AのB」のあやふやさは、歌に利用されることもあります。桑田佳祐《けいすけ》さんの歌詞には、「砂まじりの茅ヶ崎」「胸さわぎの腰つき[17]」「偽りのシャツ」「ためらいのボタン[18]」のように「AのB」という形をした表現が多く見られます。どれも印象的でミステリアスなフレーズです。

以前、『桑田佳祐論』（新潮新書）などの著書を持つ音楽評論家のスージー鈴木さんと対談したときに、「**胸さわぎの腰つき**」とはいったいどういう意味か、という話になりました。[19] 私は長年、歌詞に出てくる女性の腰つきが、歌詞の語り手である男性に胸騒ぎを起こさせるという意味だろうと思っていました。つまり、「見ている側に胸騒ぎを起こさせる腰つき」という解釈をしていたわけです。しかしスージーさんは、語り手の男性が自分と別れそうになっている女性を見て胸騒ぎを感じ、それが自分の腰つきに表れている、つまり「胸騒ぎを感じている人の腰つき」という意味だと思っていたそうです。

桑田佳祐さんの歌詞の魅力の一つは、日本語の特徴を最大限に活《い》かしながら、こういった多様な解釈を許すところにあるのかもしれません。

「お医者さんの奥さん」――「AであるB」か、「AにとってのB」か

「AのB」について、もう少し見ていきましょう。次の会話でどんな誤解が生じているかを考えてみてください。

佐藤さん：ねぇねぇ、田中さんってさ、いつも元気そうだよね。
鈴木さん：田中さんは、**お医者さんの奥さん**から健康のためのアドバイスをもらっているらしいよ。
佐藤さん：へー。でもさ、お医者さんの奥さんからアドバイスをもらうより、お医者さん本人から直接アドバイスしてもらった方が良くない？
鈴木さん：え？　何言ってんの？　田中さんの奥さんがお医者さんなんだよ。

この会話の中で、鈴木さんは「お医者さんの奥さん」という表現を、「お医者さんである奥さん」という意味で使っています。つまり、田中さんの奥さんは医者であると言っているわけです。

実際、「AのB」には、鈴木さんが意図したような「AであるB」という解釈があります。たとえば、童謡『**いぬのおまわりさん**』の歌詞に登場する犬のおまわりさんは「犬であるおまわりさん」ですし、「**迷子の子猫ちゃん**」は「迷子である子猫ちゃん」です。

これに対し、佐藤さんは「お医者さんの奥さん」を、「お医者さんにとっての奥さん」と解釈しています。前の章で、「奥さん」という名詞が「誰にとっての」という情報の補足を必要とすることを見ましたが、このような名詞が「AのB」の「B」の位置に来る場合は、「AにとってのB」という解釈が生じやすくなります。

こういった解釈に慣れるために、次の例題を考えてみてください。

例題：次の各例の「AのB」（傍線部）は、（1）「AであるB」という解釈しかできない、（2）「AにとってのB」という解釈しかない、（3）両方の解釈がある、のどれにあてはまるでしょうか。

①昨日、佐藤さんの妹に会いました。
②体操選手の息子が大会で優勝した。
③ご不明な点がありましたら、担当者の田中までご連絡ください。

①は、「佐藤さんにとっての妹」（「AにとってのB」）という解釈が可能です。他方、「佐藤さんである妹」という解釈（「AであるB」）は不可能です。

②は、「体操選手である息子」という解釈も可能ですし、「体操選手にとっての息子」という解釈も可能です。

③には「担当者である田中」という解釈（つまり、「AであるB」）しかありません。「担当者にとっての田中」という解釈は不可能です。

なぜ、①〜③では、解釈に違いが出るのでしょうか。まず、①で「佐藤さんである妹」という解釈ができないのは、「佐藤さん」が固有名詞だからです。「AであるB」という解釈ができるためには、Aが性質や役割を表す名詞でなければなりません。また、③で「担当者にとっての田中」という解釈が不可能なのも、「田中」が固有名詞であることに起因しています。「AのB」において「AにとってのB」という解釈が可能になるには、そもそもBが「誰にとってのBか」という情報を必要とする名詞でなければなりません。固有名詞である「田中」は、「誰にとっての」という情報を必要としません。

②の「体操選手の息子」で両方の解釈が可能なのは、まず、「体操選手」が特定の人物を指すことも、役割や性質を表すことも可能だからです。第二の要因として、「息子」が「誰にとっての息子か」という情報の補足を必要とする名詞であることも挙げられます。

この種の曖昧さには、より複雑な例もあります。次の会話をご覧ください。

佐藤さん：鈴木さんにはきょうだいはいますか？
鈴木さん：はい。**私には、双子の妹がいます。**

佐藤さん：そうですか。鈴木さんって、双子なんですね。
鈴木さん：いいえ、私は双子ではありませんよ。

この会話を見て、「鈴木さんの言っていることはおかしい」と思った方がいらっしゃるかもしれません。そういう方は、おそらく鈴木さんの「私には、双子の妹がいます」という言葉を、「私と妹は、双子の関係にある」と解釈したのではないでしょうか。これは、この会話の中で佐藤さんが思い浮かべた解釈です。
しかし、この文にはまた別の解釈があります。それは、「私には妹たちがいて、彼女らは双子である」という解釈です。鈴木さんは、こちらを意図して「私には、双子の妹がいます」と言ったわけです。

「私には、双子の妹がいます」
解釈1：私と双子の関係にある妹がいる。（↓双子なのは、「私」と「妹」である）
解釈2：私から見て妹の関係にある双子がいる。（↓双子なのは「妹どうし」である）

この曖昧さの原因は、一つには、「妹」が単数か複数かが分からないという点にあります。もしこれが「妹たち」で、**「私には、双子の妹たちがいます」**という文だったら、解釈2であることが明らかになったでしょう。

もう一つの原因は、「双子」が誰と誰との関係なのかが分からない、ということです。「双子」は二人の人間の関係を表す言葉ですが、その二人が「私と妹」なのか、「妹どうし」なのか分からないのです。「双子の〜」以外にも、「年の近い（／離れた）〜」「仲の良い（／悪い）〜」などといった表現に同じような曖昧さが生じることがあります。次の問題で練習をしてみてください。

問題：次の①〜③から、「私には、双子の妹がいる」と同じような曖昧さを持つ例をすべて選んでください。

---

①私には、年の離れた両親がいる。
②私には、仲の良い弟たちがいる。
③私には、双子の子どもがいる。

（答えは巻末）

「○○氏の名誉毀損」――行為者か、行為の対象か

「AのB」の「B」に、行為や出来事を表す名詞が入ることもあります。そういった場合、「AがBを行った側である」という解釈と、「AはBをされた側である」という解釈の間で曖昧になることがあります。

以前、ニュースの見出しで「○○氏の名誉毀損」という表現を見たことがありますが、これは、○○氏が名誉を毀損した側なのか、名誉を毀損された側なのかで曖昧です。

「○○社の買収」や「○○国の支配」といった表現にも、○○社や○○国が買収や支配をした側であるという解釈と、された側であるという解釈があります。

このあたりを明確にする方法としては、「○○社による買収」のように、「した側」を

「による」等の言葉によって示すという方法があります。また、「〇〇国に対する支配」「〇〇国への攻撃」のように、「された側」を「に対する」や「への」といった表現によって示す方法もあります。

もっとも、文脈や常識によって明らかな場合はそのままでも問題ありません。たとえば「**我が校の教育**」という表現では、「我が校」が「教育をする側」であることは明らかです。他方、「**子どもの教育**」だったら、「子ども」を「教育される側」だと考えるのが自然でしょう。注意すべきケースは、「支配」や「買収」のように、会社どうしや国どうしなど、同じようなものの間でなされる行為についてのケースです。こういった場合は、先に見たように、「〜による」や「〜に対する」といった言葉に言い換えた方が無難です。

ちなみに、「**注文**」や「**攻撃**」などのように、行為を表す名詞が単独で現れる場合、聞き手や読み手は「誰による、誰に対する行為か」を推測する必要があります。

宮沢賢治の童話『注文の多い料理店』は、「注文」という名詞の曖昧さを巧みに利用しています（読んだことのない方は、ぜひ読んでみてください。インターネットの「青空文庫」で全文が読めます）。このお話は、山に狩りに来た二人の紳士が、山奥で見つけた料理店に入るところから始まります。立派な店内に入ると、「当軒は**注文の多い料理店**ですからどうかそこはご承知ください」と書いてあります。二人の紳士はこれを見て、こんな山の中にある店なのに、すごく流行《はや》っているようだと考えます。しかし、店内を奥へ奥へと移動しても、なかなか食卓にたどり着けません。そして移動するたびに、扉の裏側に書かれた「はきものの泥を落してください」「鉄砲と弾丸《たま》をここへ置いてください」「壺《つぼ》の中のクリームを顔や手足にすっかり塗ってください」といった指示に従わされます。

ここでは、「注文」という言葉に二つの解釈があることがカギとなっています。二人の紳士は「注文の多い料理店」という言葉を見て「（お客さん側からの、お店に対する）注文の多い料理店」だと解釈しましたが、実際は「（お店の側からの、お客さんに対する）注文の多い料理店」だったのです。

ちなみに同書のタイトルは、英語では「The Restaurant of Many Orders」や「The Restaurant That Has Many Orders」のように翻訳されているようです。英語でも、

「誰の誰に対する注文か」をうまくぼやかしたタイトルになっています。

「勉強しない大学生」――限定的修飾、非限定的修飾

修飾語の付いた名詞句の中には、「AのB」という形をしたもの以外にも、「寒い冬」のように形容詞が付いたものや、「元気な子」のように形容動詞が付いたもの、「動く歩道」のように動詞が付いたものなどがあります。さらに「花子が飲んだ紅茶」の「花子が飲んだ」、「サンマが焼ける匂い」の「サンマが焼ける」のように、文のような形をした修飾語もあります。ここではこういった修飾語全般と、その修飾先となる名詞との関係について見ていきます。

皆さんは、私が「はじめに」で紹介した「**勉強しない大学生**」という例を覚えていらっしゃるでしょうか？　この表現には、「大学生全般が勉強しない」という解釈と、「勉強しないのは、大学生の一部である」という解釈の両方があるという話でした。

「勉強しない大学生」
解釈1：勉強をしない、大学生というもの（→大学生全般が勉強しない）
解釈2：大学生のうち、勉強しない人たち（→勉強しないのは、大学生の一部である）

このように二通りの解釈が出てくるのは、修飾語「勉強しない」と、その修飾先である名詞「大学生」との修飾関係が二種類あるためです。言語学では、解釈1のような修飾関係を「**非限定的修飾**」と呼びます。これは、「修飾語の意味が、修飾先の名詞の表すカテゴリー全般にあてはまるような修飾関係」です。これに対し、解釈2のように、「修飾語の意味が、修飾先の名詞の「一部のみ」にあてはまるような修飾関係」を「**限定的修飾**」と呼びます。

日常では、こういった二通りの修飾関係を意識する場面は少ないかもしれません。しかし私たちは、「修飾語＋名詞」という形の名詞句を見たときはたいてい、状況に合わせてどちらかの解釈を選んでいます。

たとえば、「**身体に良くない食べ物**」という言葉を解釈するときは、「食べ物のうち、身体に良くないもの」というふうに限定的修飾の解釈を選びます。というのも、私たちは、食べ物の中に身体に良いものがあることを常識として知っているからです。

これに対し、「**いざというときに必要な非常用設備**」はどうでしょうか。この例では、「非常用設備という、いざというときに必要なもの」という非限定的修飾の解釈がしやすくなります。というのも、非常用設備というのは一般に「いざというときに必要なもの」であり、そうでない非常用設備があるとは考えにくいからです。[20]

どちらの解釈がしやすいかは、名詞の種類にも左右されます。修飾先の名詞が固有名詞である場合は、非限定的修飾の解釈になる場合がほとんどです。たとえば「**最近近所に引っ越してきた佐藤さん**」は、「佐藤さんという、最近近所に引っ越してきた人」であって、「佐藤さんのうち、最近近所に引っ越してきた人」という意味ではありません。[21]

自分の頭に浮かんだ解釈がどちらであるか分からないときは、言い換えをしてみるのが有効です。たとえば、「お父さんの好きなお酒」という名詞句は、限定的修飾として解釈すると「お酒のうち、お父さんの好きなもの」となります。この場合、この句が表しているのはお酒全般ではなく、ワインとかビールとか、お父さんが好きなタイプのお酒、ということになります。これに対し、非限定的修飾での解釈は、「お酒という、お父さんの好きなもの」となり、「お父さんはワインとかビールとかに限らず、お酒全般が好き」ということになります。

問題：次の各句は、「限定的修飾」と「非限定的修飾」のどちらに解釈しやすいでしょうか。

①書類がたくさん入るカバン
②便利なスマートフォン
③洗い流さないトリートメント

（答えは巻末）

私の印象では、「修飾語＋名詞」という形をした商品名のほとんどは、限定的修飾であるように思います。たとえば「さらりとした梅酒」（チョーヤ梅酒株式会社）という商品名は、これが数ある梅酒の中でもとくに「さらりとしている」ことを表現しているわけであって、「梅酒というものは全般にさらりとしている」と言っているわけではありません。他の似たような商品との違いを強調する状況で、限定的修飾が使われるのは自然なことかと思います。

14 正確には「太郎と花子」のように、名詞を並列的に繋いだものも名詞句に含まれます。このような表現については、第6章でくわしく扱います。

15 くわしくは、西山佑司（二〇〇三）『日本語名詞句の意味論と語用論――指示的名詞句と非指示的名詞句』（ひつじ書房）等をご参照ください。

16 参考：ローレンス・ニューベリー－ペイトン（二〇一八）「日本語における「NP1のNP2」と英語における所有表現の対象研究」、日本語・日本学研究第八号、六七－九〇頁、東京外国語大学国際日本研究センター。「雨の公園」とその英訳の例は同論文（七一－七二頁）に依る。

17 ともに『勝手にシンドバッド』、一九七八年。

18 ともに『みんなのうた』、一九八九年。

19 参考：スージー鈴木、川添愛（二〇二二）「桑田佳祐の〝ことば〟を大解剖！　前編　世界一マニアックな「勝手にシンドバッド」論」、ｗｅｂ考える人。URL: https://kangaeruhito.jp/interview/677316

20 とはいえ、限定的修飾での解釈がまったくできないわけではありません。たとえば、文脈によって「いざというとき」が「火事のとき」という意味に限定されている場合は、「非常用設備のうち、火事のときに必要なもの」のような解釈も可能になります。

21 ただし、固有名詞の場合も、場合によっては限定的修飾ができる場合があります。たとえば「機嫌がいいときの花子」や「きれいなジャイアン」といった例がそれにあたります。

5 「政府の女性を応援する政策」――構造的な曖昧さ

「有名な女性の肖像画」――修飾先はどれ？

私たちが発する言葉は、ただの「単語の並び」ではありません。単語と単語が「かたまり」をなし、そのかたまりが別のかたまりとつながって、句や文となっていきます。つまり、句や文は内部に「構造」を持っているのです。私たちは普段そのような構造を意識することはありませんが、実際はつねにそういった構造を予測しながら言葉を理解しています。

句や文の構造をどのように捉えるかは、その解釈に影響します。複数の構造を当てはめられる句や文は、解釈が曖昧になることがあります。次の会話を見てみてください。

佐藤さん：この絵、素敵だね。
鈴木さん：これはね、**有名な女性の肖像画**だよ。
佐藤さん：へー、このモデルの女性、有名な人なの？
鈴木さん：いいや、モデルの女性はどこの誰だか分かっていないらしいよ。この絵が有名だってこと。

「有名な女性の肖像画」という句には、「（絵のモデルの）女性が有名である」という解釈と、「この肖像画が有名である」という解釈の両方があります。この曖昧さの原因は、「有名な」という修飾語が「女性」を修飾するのか、それとも「（女性の）肖像画」を修飾するのかというところにあります。前者の場合は、まず「有名な女性（の）」が一つの「かたまり」になって、それ全体が「肖像画」を修飾しています。修飾関係は次のようになります。

これに対し後者の場合は、まず「女性の肖像画」がひとかたまりになり、全体が「有名な」によって修飾されています。

「有名な　「女性の　肖像画」」（→（女性の）肖像画が有名）

修飾
修飾

どちらかというと、「「有名な女性」の肖像画」、つまり「女性が有名である」という解釈を先に思い浮かべる人が多いようです。ここには、私たちが言葉を理解するときの「癖」が関係しています。私たちには、「新しく耳に入ってきた単語を、それより前の部分と結びつけやすい」という傾向があります。つまり、私たちは「有名な」という部分を聞いたときに、「これは何かを修飾するはずだ。それは何だろう」と予測します。そしてその直後に「女性」という単語が出てきたら、とりあえずこれらをくっつけて、「有名な女性」という「かたまり」にするわけです。

とくに、修飾語とその修飾先が離れているケースでは、この傾向に注意が必要です。

以前、ニュース記事で「**政府の女性を応援する政策**」という表現を見たことがありました。この表現の意図は「政府が主導する、女性を応援する政策」であり、構造としては［**政府の**［**女性を応援する政策**］］だったわけです。しかし、私がとっさに思い浮かべたのは「政府の中にいる女性を応援する政策」という解釈でした。つまり、［［**政府の女性**］**を応援する政策**］のように、「政府の女性」をひとかたまりにしてしまったのです。この表現については、私と同じように解釈して、「政府以外の場所で働く女性は応援しないの？」と疑問に思った人もいたようです。

こういった曖昧さは、芸術作品のタイトルなどに利用されることもあります、たとえばシューベルトの歌曲の日本語タイトル「**美しき水車小屋の娘**」は、［［美しき水車小屋］の娘］（水車小屋が美しい）のか［美しき［水車小屋の娘］］（娘が美しい）のか曖昧です。しかしその曖昧さが独特の情感を生んでいるように感じられます。

私がとくに好きな例は、大江健三郎が一九九四年にノーベル文学賞を受賞した際に行った記念講演のタイトル「**あいまいな日本の私**」です。この講演で大江は、一九六八年に川端康成が行った講演のタイトル「美しい日本の私」にみられる助詞「の」の曖昧さや、日本語の「あいまい（な）」という単語そのものの曖昧さに触れています。その内容もさることながら、このタイトルそのものに［「あいまいな日本」の私］（日本が曖昧である）と［あいまいな［日本の私］］（私が曖昧である）という二通りの構造が当てはめられる点も面白いと思います。

修飾語がどの語を修飾するかという判断は、常識にも左右されます。次の例題を考えてみてください。

例題：①〜③の各句は、次の（A）〜（C）のどのケースに当たるでしょうか。

①美しいギターの音色
②耳に心地よいギターの音色
③高価なギターの音色

（A）傍線部が「ギター」を修飾しているという解釈しかない。
（B）傍線部が「（ギターの）音色」を修飾しているという解釈しかない。

（C）傍線部が「ギター」を修飾しているという解釈と、「（ギターの）音色」を修飾しているという解釈の両方がある。

まず①は、構造としては、［［美しいギター］の音色］と［美しい［ギターの音色］］のどちらにも解釈できます。前者の場合は「ギターが美しい」ということになり、後者の場合は「（ギターの）音色が美しい」ということになります。「美しい」という形容詞は、ギターのような物体に対しても使えますし、音色についても使えるので、こういう曖昧さが生じます。よって、（C）のケースに当たります。

②は、［耳に心地よい［ギターの音色］］、すなわち「ギターの音色が耳に心地よい」と解釈するのが普通です。「耳に心地よい」というのは音についての述語であり、何らかの物体について「耳に心地よい」と言うのは難しいため、［［耳に心地よいギター］］の音色］という解釈はしにくくなります。つまりこれは（B）のケースに当たります。

③は②とは逆で、［［高価なギター］の音色］と解釈するのが普通でしょう。つまり（A）のケースに当たります。ギターのような物体について「高価だ」と言うことはで

きますが、音色について「高価だ」とは言いにくいので、「高価な［ギターの音色］」という解釈はしにくくなります（ただし、音色そのものに値段を付けるという文脈がある場合は、そのような解釈も可能です）。

また、名詞の中には「街づくり」（「街」＋「つくり」）のように、複数の要素から成り立っている「複合語」もあります。修飾語の修飾先が複合語である場合、修飾語がその一部を修飾するのか、全体を修飾するのかで曖昧になることがあります。

以前、とある自治体のウェブサイトで「私たちは、**行政に頼らない街づくり**を進めています」という文を見たことがありました。私は「えっ、行政に頼らない街を作ってるの？」と疑問に思ったのですが、その後すぐに「行政に頼らないのは「街づくり」であって、「街」そのものではない」ということに気づきました。

私の勘違いは、「行政に頼らない街づくり」の構造を、**［［行政に頼らない街］づくり］**のように解釈してしまったことに依ります。この構造では、「行政に頼らない」が「街」とひとかたまりになっており、「行政に頼らない街を作る」という意味になります。

これに対し、もともと書き手が意図していたのは［行政に頼らない［街づくり］］でした。ここでは「街づくり」がひとかたまりになっていて、全体を「行政に頼らない」が修飾しています。このような構造では、「行政に頼らずに街づくりをする」という意味になります。

先日は、「**ハブのいる島めぐり**」という記事[22]を見つけました。このタイトルの構造は、間違いなく**［［ハブのいる島］めぐり］**（つまり、ハブのいる島をめぐる）でしょう。仮にこれが**［ハブのいる［島めぐり］］**だとすると、「島めぐりをするときにハブがいる」↓「ハブと一緒に島めぐりをする」という解釈になりそうです。ハブが好きな人だったら、こういう島めぐりもやってみたいかもしれません。

問題：次の各表現には、「行政に頼らない街づくり」と似たような曖昧さはあるでしょうか？　考えてみましょう。

①相性ぴったりのパートナー探し
②プロに任せるパートナー探し

■③アレルギー物質を使わない家づくり　（答えは巻末）■

「年賀状を送った人」――関係節の解釈

「**太郎が好きな人**」という表現を耳にしたとき、皆さんはどんな解釈を思い浮かべますか？　おそらく、「太郎が好いている人」のように、「太郎がその人のことを好いている」という解釈をする人もいれば、「太郎のことを好きな人」のように、「その人が太郎のことを好いている」という解釈をする人もいると思います。なぜ、このような曖昧さが生じるのでしょうか？

先ほどもお話ししたとおり、名詞を修飾する表現の中には文っぽい形をしたものがあります。言語学では、「文中に現れる文っぽい部分」を「**従属節**」と呼び、中でも名詞を修飾する従属節を「連体修飾節」と呼びます。さらに、連体修飾節のうち、「花子が飲んだ紅茶」の「花子が飲んだ」、「太郎が好きな人」の「太郎が好きな」のようなものは、「**関係節**」と呼ばれます。

関係節は、「その修飾先の名詞にまつわる出来事や状態、関係性などを述べるもの」です。たとえば、「花子が飲んだ紅茶」の「花子が飲んだ」は、修飾先の名詞である「紅茶」について、「花子が（その紅茶を）飲んだ」という出来事が起こった、ということを述べています。「花子が飲んだ紅茶はアールグレイだった」と言う場合、「花子は紅茶を飲んだ。その紅茶はアールグレイだった」と言っていることになります。

一部の関係節には、修飾先の名詞を組み込んだ「文」が作れるという特徴を持ったものがあります。[23] たとえば、「花子が飲んだ紅茶」の「花子が飲んだ」は関係節ですが、修飾先の名詞「紅茶」をこれに組み込んで、「太郎が（その）紅茶を飲んだ」という文が作れます。

[花子が飲んだ] 紅茶　→　花子がその紅茶を飲んだ

これはある意味、「花子が飲んだ」という関係節の中に隠れた「その紅茶を」があり、それと修飾先の名詞「紅茶」が対応している、と見なすことができます。

「花子が（その紅茶を）飲んだ」紅茶
（対応）

では、「太郎が好きな人」はどうなっているのでしょうか？　「太郎が好きな」に「人」を組み込んで文を作ろうとすると、次の二通りが出てきます。

「太郎が好きな」人
↓太郎が、その人（のこと）が好きだ
↓その人が、太郎（のこと）が好きだ

この曖昧さは、「好き（だ）」という形容動詞の性質に依るものです。述語が「好き（だ）」である場合、好いている側に「が」が付くこともあれば、好かれている側に「が」が付くこともあります。つまり、「太郎が好きな人」という表現の中では、「太郎」が好いている側なのか、好かれている側なのか分かりません。そのせいで、修飾先の

「人」についても、好いている側なのか好かれている側なのかが分からなくなっているのです。つまり「太郎が（その人のことが）好き」なのか、「（その人が）太郎のことが好き」なのかが決められず、次の二通りの可能性が出てくるわけです。

（構造1）［太郎が　（その人のことが）　好きな］　人　（対応）

（構造2）［（その人が）　太郎（のこと）が　好きな］　人　（対応）

この曖昧さを避けるための言い換え方としては、次のようなものがあります。たとえば「が」を「の」に変えて「**太郎の好きな人**」にすると、「太郎がその人を好いている」という解釈だけができるようになります。また、「**太郎のことが好きな人**」のように「～のこと」を補うと、「その人が太郎を好いている」という解釈を明確にすることができます。

関係節のどこに修飾先の名詞が入るかは、関係節の解釈に影響します。次の例題を考えてみてください。

例題：例に従って、次の①〜④の名詞句を文の形に変えてみましょう。修飾先の名詞は関係節のどこに入るでしょうか？　文を自然にするために、「その」等を補ってもかまいません。

例：［花子が飲んだ］紅茶　→　花子がその紅茶を飲んだ

①［太郎が本を貸した］学生
②［花子が生まれた］家
③［海が見える］部屋
④［毛並みがいい］犬

①は、文の形に変えると「太郎がその学生に本を貸した」のようになります。つまり「学生」は「〜に」の部分に入ります。

②は、「花子がその家で生まれた」のように、「〜で」に対応する部分に「家」が入ります。

③は、「その部屋から海が見える」のように、「〜から」に対応する部分に「部屋」が入ります。

④は、「その犬の毛並みがいい」のように、「〜の」に対応する部分に「犬」が入ります。

先ほど説明したように、「太郎が好きな人」の曖昧さの原因は、「好き（だ）」という述語では「好いている側」にも「好かれている側」にも「が」が付く、という点にありました。こういう性質を持った述語は、「好き（だ）」の他に「嫌い（だ）」などがありますが、数はそう多くありません。しかし、少し違った理由で似たような曖昧さが生じる例はたくさんあります。

以前、年賀状についての記事を読んでいたときに、次のような興味深い一節がありました。「アンケートを実施したところ、昨年末に**年賀状を送った人**の割合は全体の○割だった。（中略）さらに、**年賀状を送った人**から年賀状が来なかった場合に「来年からは出さない」と答えた人は、全体の△割に及んだ」といったものです。私が面白いと思ったのは、この中に出てくる二つの「年賀状を送った人」が、それぞれ異なる意味を持っていたことです。

まず、「昨年末に**年賀状を送った人**の割合は全体の○割だった」の方では、「年賀状を送った人」は年賀状の送り主にあたります。これに対し、「**年賀状を送った人**から年賀状が来なかった」の場合は、年賀状を送った相手（受取人）です。つまり「（その人が）（誰かに）年賀状を送った」のか、「（誰かが）（その人に）年賀状を送った」のかという違いがあるのです。

この曖昧さの原因は、関係節「年賀状を送った」の中に、二種類の「見えない要素」があることです。一つは、修飾先の名詞に対応するもの。もう一つは「**ゼロ代名詞**」と呼ばれるものです。

日本語の文では、誰（何）のことかが分かりきっている名詞をわざわざ言わず、省略できる場合があります。そういったものを言語学では「音を持たない代名詞」と見なし、

「ゼロ代名詞」を呼んでいます。ゼロ代名詞になりやすいのは、その文の主語や話し手、あるいはそこまでの文脈で話題になっている人や物などです。

「年賀状を送った人」の構造は、次のようになっています。構造1の場合、「年賀状を送った人」は「送った側」になり、構造2の場合は「送られた側」になります。

「昨年末に年賀状を送った人の割合は全体の〇割だった」

（構造1）［（その人が）年賀状を（ゼロ代名詞＝誰かに）送った］人

対応

「年賀状を送った人から年賀状が来なかった」

（構造2）［（ゼロ代名詞＝誰かが）年賀状を（その人に）送った］人

対応

このように、関係節の中に二種類の「見えない要素」があるケースはかなり複雑です。よって、文脈がはっきりしないときは誤解を引き起こす危険性が高くなります。とはいえ、これほど複雑な解釈を無意識に、しかも瞬時にこなしてしまう私たちの頭脳も、かなり高度な計算をしていると言わざるを得ません。
この曖昧さに慣れるために、次の例題を考えてみてください。

例題：次の各表現には、少なくとも二通りの解釈があります。それぞれどんな解釈か考えてみましょう。
①本をプレゼントした男性
②名前を聞いたことがない人

---

①は、修飾先の名詞「男性」が、本をプレゼントされた側なのか、プレゼントした側なのかで曖昧です。たとえば「たくさんの人が花子にプレゼントを贈った。**本をプレゼントした男性**は、「とても面白い本なので、花子さんにぜひ読んでほしい」と話していた」という文では前者、「この前、**本をプレゼントした男性**からお礼の手紙が届いた」という文では後者になります。それぞれ、構造は次のようになります。

［（その男性が）（ゼロ代名詞＝花子に）本をプレゼントした］男性
［（ゼロ代名詞＝私が）（その男性に）本をプレゼントした］男性

②は、「人」が誰か（何か）の名前を知らないのか、それとも誰かがその人の名前を知らないのかで曖昧です。たとえば、「ティラノサウルスという恐竜のことは誰でも知っていると思ったが、**名前を聞いたことがない人**もいるらしい」という場合は、前者の解釈になります。

［（その人が）（ゼロ代名詞＝ティラノサウルスの）名前を聞いたことがない］人

他方、「有名な人の作品よりも、**名前を聞いたことがない人**の作品を見たい」のような場合は、後者の解釈になります。

［（ゼロ代名詞＝私が）（その人の）名前を聞いたことがない］人

「一九二〇年代にアメリカで起こった事件を映画化」――従属節の外側か、内側か

従属節には、名詞を修飾するもの以外にもいろいろあります。たとえば、「私は太郎が優勝すると思っている」と言うときの「太郎が優勝する」とか、「私は花子が渋谷を歩いているのを見た」と言うときの「花子が渋谷を歩いている」などといった部分も「従属節」です。

言葉にみられる曖昧さの中には、ある表現が従属節の外側にあるのか、内側にあるのかが不明なために生じるものがあります。

以前、雑誌で「**この映画は一九二〇年代にアメリカで起こった事件を映画化したものです**」という文を見たとき、「一九二〇年代の映画か。ずいぶん昔の映画を紹介しているんだな」と思いました。つまり、「一九二〇年代」を映画化の時点だと思ったのです。しかし、掲載されている写真を見ると、どう見ても最近の映画です。少し考えて、「一九二〇年代」は映画化の時点ではなく、映画の題材になった事件が起こった時点である

ことに気づきました。

このとき、私はこの文を次の構造1のように解釈していました。つまり、「一九二〇年代に」が「アメリカで起こった」という従属節の外側にあると解釈したのです。

構造1：この映画は一九二〇年代に［アメリカで起こった］事件を映画化したものです。

しかし実際にこの文によって意図されていたのは構造2のような解釈でした。

構造2：この映画は［一九二〇年代にアメリカで起こった］事件を映画化したものです。

こういう曖昧さを回避する方法にはいくつかあります。一つには、従属節の境界にある表現を移動させることです。

たとえば今の例の「一九二〇年代に」を、「アメリカで」の後ろに動かして「起こった」の直前まで持っていくとします。すると「**この映画はアメリカで一九二〇年代に起こった事件を映画化したものです**」という文になり、「事件が起こったのが一九二〇年代である」という解釈がしやすくなります。

「一九二〇年代に」をさらに後ろへ移動して、「～事件を」の後に持っていくと、文としては「**この映画はアメリカで起こった事件を一九二〇年代に映画化したものです**」となります。こうすると、「映画化した時点が一九二〇年代である」という解釈しかできなくなります。

この種の曖昧さに慣れるために、次の例題を考えてみてください。

例題：次の文は、傍線部の要素が従属節の外側にあると考えるか、内側にあると考えるかで二通りの解釈ができます。それぞれどのような解釈でしょうか？　また、これらの文をどのように変えれば曖昧さを回避できるか考えてみましょう。

①私はニューヨークで一流のダンサーになることを誓った。

―②私は太郎から花子が踊りを習っていると聞いた。―

①の文の曖昧さは以下の通りです。

構造1：「ニューヨークで」が従属節の外側にある場合
　私はニューヨークで［一流のダンサーになる］ことを誓った。

構造2：「ニューヨークで」が従属節の内側にある場合
　私は［ニューヨークで一流のダンサーになる］ことを誓った。

構造1の場合は、一流のダンサーになると誓った場所はニューヨークですが、実際に一流のダンサーになる場所がニューヨークであるとはかぎりません。一方、構造2の場合は、一流のダンサーになる場所はニューヨークですが、そのように誓った場所がニューヨークであるとはかぎりません。

この文の場合、手っ取り早く曖昧さを消す方法は「カギ括弧を使うこと」です。以下のように、従属節にあたる部分をカギ括弧で囲めば、「ニューヨークで」が従属節の内と外のどちらにあるのかが明確になります。

構造1の場合：私はニューヨークで「一流のダンサーになる」と誓った。
構造2の場合：私は「ニューヨークで一流のダンサーになる」と誓った。

従属節の前の境界に読点「、」を打つのも有効です。「私はニューヨークで、一流のダンサーになると誓った」や「私は、ニューヨークで一流のダンサーになると誓った」のようにすれば、意図する解釈を際立たせることができます。

また、「ニューヨークで」を文頭あるいは「誓った」の後ろに持っていき、「ニューヨークで私は一流のダンサーになると誓った」や「私は一流のダンサーになるとニューヨークで誓った」にすると、構造1の解釈しかできなくなります。

②の文の曖昧さは以下の通りです。

構造1：「太郎から」が従属節の外側にある場合

私は太郎から［花子が踊りを習っている］と聞いた。

構造2：「太郎から」が従属節の内側にある場合

私は［太郎から花子が踊りを習っている］と聞いた。

構造1の場合は、太郎は私に「花子が踊りを習っている」と知らせた人物で、花子が誰に踊りを習っているのかは不明です。構造2の場合は、太郎は花子に踊りを教えている人物で、誰がそのことを私に知らせたかは不明です。この文でも、カギ括弧や読点を使うことで曖昧さを消すことができますし、次のように「太郎から」の位置を変えることで解釈をはっきりさせることもできます。

構造1の場合：私は花子が踊りを習っていると太郎から聞いた。
（あるいは）太郎から私は花子が踊りを習っていると聞いた。
構造2の場合：私は花子が太郎から踊りを習っていると聞いた。

つい先日は、「**一九世紀は、インターネットが登場し、誰でも自由に情報を発信できるようになるより百年以上も前です**」という文を見かけました。最後まで読めば、言いたいことは分かります。しかし、私は「一九世紀は、インターネットが登場し」まで読んだところで、「一九世紀にインターネットが登場したわけがないのに、何を言ってるんだろう」と思ってしまいました。

このような早とちりが起こってしまうのは、文を途中まで読んだ段階で、「インターネットが登場し」といった表現が従属節の外側にあるのか、それとも内側にあるのかが分からないからです。つまり次のような曖昧さが生じています。

構造1（私の解釈）：一九世紀は、インターネットが登場し、「誰でも自由に情報を発信できるようになる」より百年以上も前です。

構造2（書き手の意図）：一九世紀は、「インターネットが登場し、誰でも自由に情報を発信できるようになる」より百年以上も前です。

こういった曖昧さを消すには、言い方自体を変えるのが有効です。実のところ、こういった曖昧さは、一文に情報を詰め込みすぎたせいで起こっていることが多いのです。たとえば、次のように情報を切り分ければ、元の文にあった曖昧さは消えます。

「一九世紀は、今と違って、誰でも自由に情報を発信できるような時代ではありませんでした。何しろ、インターネットが登場するより、百年以上も前なのです」

以下はちょっと複雑な例ですが、応用問題として挙げておきます。

「この前、姉が薬剤師の友人に良い解熱剤を教えてもらった」

最初にこの文を見たとき、私は「この人（＝書き手）のお姉さんが、友人の薬剤師から良い解熱剤を教えてもらったんだな」と解釈しました。しかし実際は違って、この人は、（1）自分の友人の姉が薬剤師であり、（2）この前、その友人に、よい解熱剤を教えてもらったと言いたかったようなのです。つまり、私の解釈と、書き手の意図の間には、次のような違いがありました。

構造1（筆者の解釈）：（私の）姉が［薬剤師の友人］に良い解熱剤を教えてもらった。
構造2（書き手の意図）：［姉が薬剤師の友人］に（私が）良い解熱剤を教えてもらった。

構造2では、「姉が薬剤師の友人」が一つの「かたまり」、つまり名詞句になっています。この名詞句の中の「の」は、前の章で見た、「である」と解釈できるタイプの「の」です。つまりこの名詞句は、「姉が薬剤師である友人」（＝薬剤師をしている姉がいる私の友人）という意味になります。

この文の曖昧さも、文の中に情報を詰め込みすぎていることから起こっています。これを本来の意図どおりに解釈してもらうには、文を分けたり、言い換えたり、情報を補足したりする必要があります。たとえば「**この前、友人に良い解熱剤を教えてもらった。その友人には薬剤師の姉がいるので、信頼できる**」と言えば、曖昧さは回避できるでしょう。

また、逆に情報をそぎ落とすことも有効です。先ほどの文も、友人の姉のことには触れず、単に「**友人に良い解熱剤を教えてもらった**」と言ってもいいかもしれません。状況に応じて、情報を補足するか、そぎ落とすか適切に判断できれば、曖昧さの軽減につながります。

「頭が赤い魚を食べる猫」に挑戦！

この章のしめくくりとして、有名な「**頭が赤い魚を食べる猫**」という表現の曖昧さを見ていきましょう。この例は言語研究家の中村明裕さんが考案されたもので、五つの異なる解釈を持つことが知られています。[24] 中村さんは、それらの解釈を愉快なイラストとともに紹介されています。以下ではそれぞれの解釈を、この章で紹介した内容を踏まえて解説します。皆さんも、解説を読む前に、それぞれの解釈がどのように出てきているのか、考えてみてください。なお、印刷の都合上、元のイラストの赤色が灰色になっていますのでご了承ください。

まずは、このイラストの解釈から見ていきましょう。

解釈 1

おそらく、この解釈を真っ先に思いついた方が多いのではないかと思います。イラストに示されるとおり、猫が魚を食べており、その魚の頭が赤い色をしています。

この解釈では、まず「頭が赤い」という関係節が「魚」を修飾しています。ここから、「魚の頭が赤い」という解釈が出てきます。

［［頭が赤い］魚］（↓魚の頭が赤い）
修飾

そして、これ全体が「（を）食べる」と組み合わさって、［［頭が赤い魚］を食べる］という大きな関係節が出来上がります。それが「猫」という名詞を修飾します。ここから、猫が「頭が赤い魚」を食べるという解釈が出てきます。

［［頭が赤い魚］を食べる］猫（↓猫が「頭が赤い魚」を食べる）
修飾

次のイラストはこちらです。

解釈2

この解釈では、赤い頭をした猫が魚を食べています。解釈1とは違って、魚の頭は赤くありません。

ここでは、まず「魚を食べる」という関係節が「猫」を修飾しています。ここから、「猫が魚を食べる」という解釈が出てきます。

「「魚を食べる」─修飾→猫」（→猫が魚を食べる）

さらにそれ全体を、関係節「頭が赤い」が修飾します。結果的に、「魚を食べる猫」の頭が赤い、という解釈になります。

[頭が赤い [[魚を食べる] 猫]]（→「魚を食べる猫」の頭が赤い）
修飾

三つめのイラストはこちらです。

解釈３

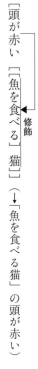

このイラストにびっくりした人も多いのではないでしょうか。まるで恐竜の口のように横に伸びた猫の頭が、赤い魚を食べています。この解釈では、まず「赤い」という形容詞が「魚」を修飾しています。つまり「赤い魚」がひとかたまりになっています。

［赤い魚］（↓魚が赤い）

そして、「赤い魚」に「を」が付いて「赤い魚を」という目的語になります。主語は「頭が」、述語は「食べる」です。

［頭が　［赤い魚］を　食べる］

そして、これ全体が関係節として、「猫」を修飾します。

［頭が　［赤い魚］を　食べる］猫◀修飾

ここでのポイントは、修飾先の名詞である「猫」が、「頭が赤い魚を食べる」という関係節のどこに対応しているのか、ということです。答えは次の通りです。

［（その猫の）頭が　［赤い魚］を　食べる］猫◀対応（→その猫の頭が「赤い魚」を食べる）

つまり「猫」は、「頭の持ち主」に対応しています。このような修飾関係や対応関係から、イラストのような一風変わった解釈が出てきているのです。

最後に残りの二つをまとめて紹介します。

解釈4

解釈5

解釈4と解釈5は、実は名詞句としての解釈ではなく、文としての解釈です。どちらの解釈においても、文の主語は「頭が」で、述語は「赤い魚を食べる猫」です。全体として、「頭が、赤い魚を食べる猫（だ）」というふうになっています。つまり、文末の「だ」が省略されているのです。「だ」の省略は日常会話ではよく起こることで、私たちも普段「元気が一番」や「毎日が宝物」のような文を頻繁に耳にします。

もう一つのポイントは、主語である「頭」が、「（誰かの）頭」だと解釈されることで

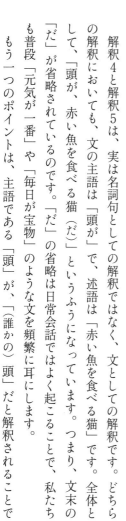

す。イラストを見ると、解釈4と解釈5では、頭以外の部分は人間です。つまり、何らかの理由（魔法をかけられた？　マスクをかぶっている？）で、頭部が猫になってしまった人が描かれていると思われます。よって、ここで想定されている解釈は、「（ある人の）頭が、赤い魚を食べる猫（だ）」というものでしょう。

（ある人の）頭が（主語）　赤い魚を食べる猫（だ）（述語）

解釈4と解釈5の違いは、述語の部分の「赤い魚を食べる猫」で、「赤い」が何を修飾しているかによるものです。まず解釈4では、「赤い」は「魚」を修飾しています。つまり「赤い魚」がひとかたまりになっており、「赤い魚を食べる猫」は「猫が「赤い魚」を食べる」と解釈されます。

[[赤い魚]を食べる]猫]（↓猫が「赤い魚」を食べる）

文全体としては、次のようになります。

[(ある人の)頭]が[[赤い魚]を食べる]猫](だ)

↓ある人の頭部が、「赤い魚」を食べる猫のようになっている

これに対し解釈5では、まず「魚を食べる」と「猫」が結びつき、「赤い」は「魚を食べる猫」全体を修飾しています。つまり、赤いのは「魚を食べる猫」です。

[赤い[魚を食べる猫]](↓魚を食べる猫が赤い)

文全体としては、次のようになります。

[(ある人の)頭]が[赤い[魚を食べる猫]](だ)

↓ある人の頭部が、魚を食べる赤い猫のようになっている

「頭が赤い魚を食べる猫」という表現一つに、これほど異なる構造が当てはめられ、しかもすべてに異なる解釈が付いてくるのは驚きです。私たちが普段何気なく使っている言葉の複雑さを示してくれる、とても面白い例だと思います。

22 伊藤健史（二〇一八）「神々しいまでの美ハブ発見！　ハブのいる島めぐり渡名喜島〜久米島」、デイリーポータルZ。
URL: https://dailyportalz.jp/kiji/180530203004

23 こういった特徴を持つ関係節と名詞の関係を、言語学では「内の関係」と呼ぶことがあります。他方、「サンマが焼ける匂い」のように、「サンマが焼ける」の中に「匂い」を組み込みづらいものもあります。こういった関係節と名詞の関係は「外の関係」と呼ばれます。くわしくは、以下の文献等をご覧ください。
寺村秀夫（一九九二）『寺村秀夫論文集I』、くろしお出版。

24 考案・イラスト提供：中村明裕（https://twitter.com/nakamurakihiro）
出典URL: https://twitter.com/nakamurakihiro/status/1230798247989366784

6　「二日、五日、八日の午後が空いています」――やっかいな並列

「メロンと桃のコンポート」――「AとBのC」の解釈

「太郎と花子」「春と夏と秋と冬」のように、私たちの言葉には似たようなものを並列させる表現があります。こういった並列表現は、前の章で見た「構造的な曖昧さ」を含め、いくつかの種類の曖昧さを伴います。

よくあるパターンの一つに、**「AとBのC」**という名詞句の形をしたものがあります。何年か前、お店で食事をしていたときに、店員さんが他のお客さんに「本日は、メニューに書いてあるデザートの他にも、**メロンと桃のコンポート**があります」と言っているのを聞いたことがありました。私は「メロンと桃がコンポートになっている一皿のことだろうか」と思いましたが、実際は「生のメロン」と「桃のコンポート」という、二種

類の別個のデザートのことでした。

「メロンと桃のコンポート」の曖昧さは、「と」が何と何をつないでいるかによって生じています。たとえば次の構造1のように、「と」が「メロン」と「桃」をつないでいて、さらに「メロンと桃（の）」と「コンポート」が組み合わされていると考えると、私が頭に思い浮かべたような「メロンと桃の両方がコンポートになっている一皿」という解釈が出てきます。

構造1：[[メロン　と　桃]　の　コンポート]

解釈：メロンと桃の両方がコンポートになっている一皿

これに対し、「と」が「メロン」と「桃のコンポート」をつないでいると考えると、「（生の）メロン」と「桃のコンポート」という二皿のデザートという解釈になります。[25]

構造2：[メロン　と　[桃のコンポート]]

解釈：（生の）メロンと、桃のコンポート

このように、「AとBのC」という形をした表現には、**［「AとB」のC］**なのか、**［Aと「BのC」］**なのかという、構造の違いによる曖昧さがつきものです。私たちはたいていの場合、常識などを駆使して、どちらの構造が妥当かをほぼ無意識に推測しています。

「AとBのC」がどちらの構造に解釈されやすいかは、次のようなテストによって確かめることができます。まず、AとBを入れ替えてもほとんど意味が変わらず、Aと「BのC」を入れ替えると意味が変わってしまう場合は、［「AとB」のC］という構造をしていると考えられます。他方、Aと「BのC」を入れ替えてもほとんど意味が変わらず、AとBを入れ替えると意味が変わる場合は、［Aと［BのC］］である可能性が高くなります。このことを踏まえて、次の例題を考えてみてください。

―**例題**：有名な映画のタイトルには、「AとBのC」という形をしたものがいくつか―

あります。次の①〜③の「AとBのC」型のタイトルのうち、他の二つと構造が違うものはどれでしょう。

①ハリー・ポッターと賢者の石

②千と千尋の神隠し

③アナと雪の女王

まず①は、「ハリー・ポッター」と「賢者」を入れ替えると「賢者とハリー・ポッターの石」というふうに、意味が変わってしまいます。他方、「ハリー・ポッター」と「賢者の石」を入れ替えても、「賢者の石とハリー・ポッター」というふうになり、意味そのものは変わりません（もちろん、映画のタイトルとしてはイマイチですが）。よって、「ハリー・ポッター」と「賢者の石」という構造をしていると考えられます。

②はどうでしょうか。まず「千」と「千尋」を入れ替えると「千尋と千の神隠し」になりますが、意味そのものは変わりません。これに対し、「千」と「千尋の神隠し」を入れ替えると「千尋の神隠しと千」となり、意味が変わってしまいます。したがって、

「「千と千尋」の神隠し」という構造をしていると考えられます。

③は、「アナ」と「雪」を入れ替えて「雪とアナの女王」にすると意味が変わりますが、「アナ」と「雪の女王」を入れ替えて「雪の女王とアナ」にしても、意味そのものは変わりません。これは①と同じパターンで、「アナと「雪の女王」」という構造をしています。つまり、他の二つと違うのは②です。

「ハリー・ポッターと賢者の石」タイプの作品タイトルとしては、他にも「竜とそばかすの姫」「モアナと伝説の海」などがあり、「千と千尋の神隠し」タイプには「風と木の詩《うた》」「冷静と情熱のあいだ」などがあります。皆さんも今後、こういう形の映画やアニメのタイトルを見かけたら、どちらのタイプか考えてみてください。

「山田さんと田中さんと佐藤さんが仲違いをした」――「AとBとC」

「AとBとC」のように、三つの名詞句が並べられるケースもしばしば曖昧になります。この場合、A、B、Cがすべてフラットに並べられているのか（構造1）、「AとB」がかたまりをなしているのか（構造２）、「ＢとＣ」がかたまりをなしているのか（構造３）という、三つの可能性が出てきます。

構造１：「Ａ」と「Ｂ」と「Ｃ」
構造２：「Ａ」と「ＢとＣ」
構造３：「ＡとＢ」と「Ｃ」

たとえば昔の焼酎のＣＭソング**『俺とおまえと大五郎』**[26]や、平松愛理《えり》の**『部屋とＹシャツと私』**などといった曲のタイトルは、構造１と考えて問題ないでしょう。しかし、**「山田さんと田中さんと佐藤さんが仲違《なかたが》いをした」**という文の場合、三者とも他の二人と仲違いしたのか、「山田さんと田中さん」と「佐藤さん」が仲違いしたのか、はたまた「山田さん」と「田中さんと佐藤さん」が仲違いしたのか分かりません。「ＡとＢとＣとＤ」のように「と」によってつなげられる要素が増えると、解釈の仕方もさらに増えます。

こういった曖昧さを解消する方法はいくつかあります。まず、「仲違いをした」という表現は、「AとB｜が仲違いをした」という形だけでなく「Aが｜Bと仲違いをした」という形でも使えます。この言い換えを利用して、**「山田さんが田中さんと佐藤さんと仲違いをした」**のように言えば、誰と誰が仲違いしたのかがはっきりします。

また、「と」だけでなく、読点「、」や「そして」、「また」「および」「ならびに」などといった表現をうまく使うことで、曖昧さが減らせることもあります。

たとえば、テニスのダブルスの試合で「山田さんと田中さん」のペアが「佐藤さんと鈴木さん」のペアと対戦したことを言いたいとき、**「山田さんと田中さんと佐藤さんと鈴木さんがペアを組んで対戦した」**と言うよりも、**「山田さんと田中さん、そして佐藤さんと鈴木さんがペアを組んで対戦した」**のように、「と」や「、」「そして」といった表現も使った方が分かりやすくなります。

ちなみに法律関連の文書では、「及び（および）」は単独の名詞（句）どうしをつなげるのに使われ、「並びに（ならびに）」は、「及び」によって作られた「かたまり」をつなげるのに使われる、という決まりがあるそうです。先ほどのテニスのペアの例で言うと、「山田さん及び田中さん、並びに佐藤さん及び鈴木さんがペアを組んで対戦した」という表現になるでしょう。

また、並列構造には、「AとB」「AおよびB」のように英語のandにあたるものだけでなく、「AかB」「AまたはB」「AあるいはB」「AもしくはB」のように、英語のorにあたるものもあります。こういった表現についても、「と」の場合と同様の曖昧さが出てきます。法的な文書では、「若しくは（もしくは）」が単独の名詞や名詞句をつなげ、「又は（または）」が「若しくは（もしくは）」によってつなげられた「かたまり」をつなぐそうです。たとえば「無期の懲役若しくは禁錮又は十年以上の懲役若しくは禁錮」という句では、二つの「若しくは」が「懲役」と「禁錮」をつなぎ、「又は」は「無期の懲役若しくは禁錮」と「十年以上の懲役若しくは禁錮」をつなげていることになります。

法律関連の文書では、曖昧さを極力減らさなければなりません。こういった「及び」「並びに」「若しくは」「又は」の使い分けも、そのための工夫の一環でしょう。日常ではこういった使い分けに従う必要はありませんが、複数の語句を並列的につなぐと多くの解釈が出てくるということは、ふだんから心に留めておいた方がよいでしょう。

「櫻井さんと相葉さんが結婚した」——分けるのか、分けないのか

並列表現は、また別の種類の曖昧さも引き起こします。

先日、仕事の日程調整をする際に、先方から「都合のいい日時を教えてください」という問い合わせがあり、私は「**二日、五日、八日の午後が空いています**」と返事しました。このメールで私は、「二日の午後、五日の午後、八日の午後が空いています」と言ったつもりでしたが、先方からは「では、二日の午前はいかがでしょう」という返事が来ました。

「おかしいな。私は前のメールで「二日は午後が空いている」って書いたのに、なんで「二日の午前」という時間帯を提案されているのだろう?」と疑問に思いましたが、すぐに自分の書いた内容が曖昧だったことに気づきました。つまり相手の方は、私の書いた文を「二日と五日は終日空いています。八日については、午後が空いています」と解

釈したのです。つまり、次のようなすれ違いがあったのです。

「二日、五日、八日の午後」
私の意図：二日の午後、五日の午後、八日の午後
相手の解釈：二日（終日）、五日（終日）、八日の午後

この例は、先に見た「メロンと桃のコンポート」という例に似たところがあります。実際、構造的に見れば、これら二つの解釈に対応する構造は以下のようになります。

私の意図：[二日、五日、八日]の（それぞれの）午後
相手の解釈：[二日]、[五日]、[八日の午後]

ここで注目していただきたいのは、私の意図の方には、「[二日、五日、八日]のそれぞれの午後」のように、「それぞれ」という意味が加わっている、ということです。何

かを並列する表現には、しばしばこういった「それぞれ」という意味が加わることがあります。ここでは、こういう「それぞれ」の解釈を「分ける解釈」と呼ぶことにします。[27] イメージとしては、「二日、五日、八日」をそれぞれ「午後」と結びつけ、「二日の午後」、「五日の午後」、「八日の午後」の三つに分ける、という感じです。[28]

「並列した表現を分けるか、分けないか」という問題は、名詞句の内部だけにとどまらず、文全体の解釈にも影響を及ぼします。

二年ほど前に、人気アイドルグループ「嵐」のメンバーである櫻井翔さんと相葉雅紀さんが同じ日に結婚を発表したことがありました。そのことがいくつかのメディアで「**櫻井さんと相葉さんが結婚した**」と報じられ、見た人の中には「まさか、櫻井さんが相葉さんと結婚したの?」と思ったという人がかなりいたようです。実は私も一瞬、そのように解釈してしまいました。

当然ながら、マスコミは「櫻井さんと相葉さんがそれぞれ結婚した」、つまり「櫻井さんが結婚した」ことと「相葉さんが結婚した」ことを報じたつもりでした。これは、「櫻井さんと相葉さん」という表現を「結婚した」に対して「分ける」解釈です。これに対し、私を含め多くの人が思い浮かべたであろう「櫻井さんが相葉さんと結婚した」という解釈は、一つの「結婚」に櫻井さんと相葉さんが関わったという「分けない」解釈です。

「櫻井さんと相葉さんが結婚した」
分ける解釈：櫻井さんが結婚した。相葉さんも結婚した。（「結婚」という出来事は二つ）
分けない解釈：櫻井さんが相葉さんと結婚した。（「結婚」という出来事は一つ）

こんなふうに、「AとB」のような並列表現を「分ける」か、「分けない」かによって、文全体の解釈が大きく変わることがあります。ただし、つねにこのような曖昧さが出てくるとは限らず、曖昧になるかどうかは文中の他の表現や、常識などにも左右されます。
たとえば、「**太郎と花子は仲が良い**」という文には、「分けない解釈」しかありません。もしこの文で「分ける解釈」をしようとすると、「太郎は仲が良い。花子も仲が良い」というおかしな解釈になってしまいます。つまりこの文は、一つの「仲の良い関係」に、太郎と花子の両方が関わっているという解釈しかできません。その一方で、「**太郎と花子は自分の意見を言った**」という文は、「太郎は自分の意見を言った。花子も自分の意見を言った」という「分ける解釈」しかありません。

この曖昧さに慣れるために、次の例題を考えてみてください。

例題：次の各文で、「太郎と花子」に対して「分ける解釈」あるいは「分けない解釈」をすると、どのような解釈になるでしょうか。

①太郎と花子がテーブルを動かした。

②太郎と花子が書いた作文が賞を取った。

③太郎と花子はケーキを三個食べた。

---

①で「分ける解釈」をすると、「太郎がテーブルを動かした。花子もテーブルを動かした」という、二つの異なる出来事があったという意味になります。これに対し、「分けない解釈」では、「太郎と花子が一緒にテーブルを動かした」という、一つの共同作

業があったという意味になります。

②の「分ける解釈」は、「太郎が書いた作文が賞を取った。花子が書いた作文も賞を取った」という意味になります。「分けない解釈」では、「太郎と花子が共同で書いた作文が賞を取った」という意味になります。

③の「分ける解釈」は、「太郎はケーキを三個食べた。花子もケーキを三個食べた」というものです。これに対し、「分けない解釈」では、「太郎と花子は合わせて三個のケーキを食べた」という意味になります。この場合、太郎と花子がそれぞれ何個食べたのかは明確ではありません。

ちなみに「分けるか、分けないか」という曖昧さは、「AとB」のような並列の表現だけでなく、「三人の政治家」「十二人の原告」のような「**数の表現＋の＋名詞**」という形をした表現にも見られます。

たとえば、裁判の記事で「**裁判官は被告に対し、十人の原告に二〇〇万円を支払うことを命じた**」という文があったとします。この文のままでは、被告が十人の原告に支払う金の額が全体で二〇〇万円なのか、被告が十人の原告に「一人当たり」二〇〇万円（合計二〇〇〇万円）を支払うのか不明です。

数の表現の「分ける解釈」をはっきりさせる場合は、「裁判官は被告に対し、十人の原告にそれぞれ／一人当たり二〇〇万円を支払うことを命じた」のように、「それぞれ」や「一人当たり」などといった言葉を補うのが有効です。他方、「分けない解釈」であることを明確にするには、「裁判官は被告に対し、十人の原告に全体で二〇〇万円を支払うことを命じた」のように、「全体で」とか「まとめて」などといった言葉を使うと良いでしょう。

「AさんとBさんがハワイ島とマウイ島から」——一対一に対応させる解釈

「AとB」のような並列表現には、また別の解釈もあります。

昔、テレビを見ていたとき、司会者が「本日は、**AさんとBさんがハワイ島とマウイ島から最新情報をお届けします**」と言ったことがありました。「Aさん」と「Bさん」

は、リポーターを務めるタレントさんの名前です。私は「AさんとBさんが一緒にハワイ島とマウイ島からリポートをするのだろう」と思いました。これは、「AさんとBさん」を「分けない解釈」です。しかし実際は、Aさんはハワイ島から、そしてBさんはマウイ島から、別々にリポートをしていました。

ここで意図されている解釈は、前の節で見た「分ける解釈」とは少し違います。もし、先ほどの文の「AさんとBさん」に対して単純に「分ける解釈」をすると、「Aさんがハワイ島とマウイ島から最新情報をお届けし、Bさんもハワイ島とマウイ島から最新情報をお届けする」という意味になります。つまりAさんもBさんもハワイ島とマウイ島の両方からリポートをすることになるので、意図された解釈とは異なります。

ここでのポイントは、「AとBが、CとDをEする」のように、一つの文に二つの並列表現が入っていることです。このような場合、二つの並列表現の中の「一番目のものを一番目のものと関係づけ、二番目のものを二番目のものに関係づける」という解釈が可能になります。つまり「A」と「C」を関係づけ、それとはまた別に「B」と「D」を関係づける解釈です。ここではこういった解釈を「一対一対応の解釈」と呼びましょう。

つまり、一つの文に二つ以上の並列表現が入っているときは、「分ける解釈」「分けない解釈」に加えて「一対一対応の解釈」も出てくる場合があるのです。一対一対応の解釈を明確にするには、「AとBがCとDをEする」と言うかわりに、「**AがCを、BがDをEする**」のように言う方法があります。先ほどの例の場合は、「**Aさんがハワイ島から、Bさんがマウイ島から最新情報をお届けします**」のように言えば、曖昧さを解消できます。

この解釈に慣れるために、例題を解いてみてください。

例題：次の文で、①「太郎と花子」を分ける解釈、②「太郎と花子」を分けない解釈、③「太郎と花子」と「『さくら　さくら』と『春の小川』」を一対一に対応させる解釈は、それぞれどのような解釈でしょうか？

太郎と花子は『さくら　さくら』と『春の小川』を歌った。

---

①「分ける解釈」は、「太郎が『さくら　さくら』と『春の小川』を歌った。花子も『さくら　さくら』と『春の小川』を歌った」というものです。

②「分けない解釈」は、「太郎と花子が一緒に『さくら　さくら』と『春の小川』を歌った」という解釈です。

③「一対一対応の解釈」は、「太郎が『さくら　さくら』を歌った。花子は『春の小川』を歌った」という解釈になります。

ちなみに、「それぞれ」という言葉は、「分ける解釈」だけでなく「一対一対応の解釈」をする文にも現れます。たとえば数学の問題によく出てくる「**四角形の縦の長さと横の長さをそれぞれx、yとする**」といった文は、「四角形の縦の長さをxとする。横の長さをyとする」という一対一対応の解釈をするのが普通です。「分ける解釈」と「一対一対応の解釈」のどちらであるかを見極めるには、「それぞれ」の有無だけでなく、文脈や常識を手がかりにする必要があります。

「ピザ・トースト」——中黒「・」の曖昧さ

並列表現には、中黒、つまり「・」を使ったものもあります。たとえばレストランのメニューに「食後のお飲み物：**コーヒー・紅茶・エスプレッソ**」と書かれていることもあれば、プロレスでタッグを組む選手たちの名前が「**長州力・アニマル浜口組**」のように書かれていることもあります。私たちはこういった表現を難なく理解しますが、実はこの二つの例では中黒「・」の意味が違います。

まず、「コーヒー・紅茶・エスプレッソ」は、「これら三つの中から一つ選べますよ」という、選択肢の意味を持っています。つまり、ここでの「・」は「コーヒーか紅茶かエスプレッソ」のように、「か」の意味を持っています。これに対し、「長州力・アニマル浜口組」の方は、「長州力とアニマル浜口（のタッグ）」のように、「と」の意味を持っています。「長州力かアニマル浜口」という選択肢を表しているわけではありません。

さらに、不動産の物件紹介で「**1LDK・築一〇年・最寄駅から徒歩八分**」のように書かれている場合は、「1LDK」「築一〇年」「最寄駅から徒歩八分」という条件がすべて満たされているということを示します。言い換えると、「1LDKで築一〇年で最寄駅から徒歩八分」のようになるでしょう。

こういった多様な意味を表せる「・」はとても便利ですが、曖昧さが生じることもあります。以前、レストランのコースメニューで、メインディッシュの後に「**チーズ・デザート**」と書かれているのを見たことがありました。私は「チーズとデザートの両方が出てくるのだろう」と思っていましたが、実際は「チーズかデザートのどちらか片方を選ぶ」ということでした。コースの中で両方食べられると思っていたので、ちょっと残念に思った記憶があります。

また、「・」は一つのカタカナ語の内部で使われることもあります。昔、食品関連の文章に「**ピザ・トースト**」と書かれているのを見て、一瞬、「ピザトースト」のことなのか、「ピザとトースト」のことなのか分かりませんでした。こんなふうに、一つの単語の内部で「・」を使うと紛らわしくなることがあります。

とはいえ、「スリジャヤワルダナプラコッテ」とか「チーフエグゼクティブオフィサー」とか「カナディアンバックブリーカー」のように長いカタカナ語には、やはり「・」を入れたくなります。実際、「スリ・ジャヤワルダナプラ・コッテ」、「チーフ・エグゼクティブ・オフィサー」、「カナディアン・バックブリーカー」の方が分かりやすくなります。「・」を使うかどうかは、曖昧さと理解しやすさを考慮しつつ、ケースバイケースで判断するのが良さそうです。

問題：次の各表現の中の中黒「・」は、「か」、「と」、「で」のどれに言い換えられるでしょうか。

①東京・名古屋間の切符

②人物のプロフィール：「三五歳・自営業・東京在住」

③テーマパークのアトラクションの注意書き：「お客さまの安全のため、身長一三○cm未満・六五歳以上の方はご利用いただけません」

（答えは巻末）

25 実は、「メロンと桃のコンポート」には、「メロンのコンポートと、桃のコンポート」という二つのデザートという解釈もあります。これについては、注28をご覧ください。

26 作詞：伊藤アキラ、作曲：鈴木キサブロー、歌：とみたいちろう。

27 言語学では、ここで言う「分ける解釈」は、分配的解釈（distributive reading）と呼ばれます。「分けない解釈」は集合的解釈（collective reading）と呼ばれることがあります。

28 実は、「メロンと桃のコンポート」という例も、「メロンと桃」に「それぞれ」という意味を加味して「分ける解釈」をすると、「メロンのコンポート」と「桃のコンポート」（つまり二皿のデザート）という解釈が出てきます。これは、先に紹介した「生のメロンと、桃のコンポートという二皿のデザート」および「メロンと桃の両方をコンポートにした一皿のデザート」という解釈とはまた別の、第三の解釈です。

7 「二〇歳未満ではありませんか」――否定文・疑問文の曖昧さ

「すぐに走って逃げてクマを興奮させない」――どこからどこまでを否定するか

文の中に「〜しない」や「〜しなかった」などの否定の表現が入っている場合、それが文の中のどこからどこまでを否定しているかによって、文全体の意味が変わってきます。

たとえば、「**〇〇して△△しない**」という文は、前半の「〇〇して」の部分が否定されるかどうかで曖昧になります。以前、山でクマに遭遇したときの対処法を書いた文章の中に「**クマに出会ったときは、すぐに走って逃げてクマを興奮させないようにしましょう**」という文を見たことがあります。この文には二通りの解釈があります。

この文で意図されていたのは、「すぐに走って逃げるとクマが興奮してしまうので、そういうことをしてはならない」という解釈でした。実際、クマに出会ったときに突発的に走って逃げると、クマを刺激して攻撃に移らせる可能性があるため、ゆっくりと距離を取ることが推奨されています。[29]しかしこの文には、「クマを興奮させないように、すぐに走って逃げましょう」という、逆の解釈もあります。もし、この文を読んだ人がこんなふうに解釈したら非常に危険です。

これら二つの解釈の違いは、「すぐに走って逃げて」が「ない」の影響範囲に含まれるかどうかの違いです。「ない」が直前の「クマを興奮させ」の部分を否定していることは明らかですが、さらにその前の「すぐに走って逃げて」まで否定しているか、そうでないかによって解釈が変わるのです。

「ない」による否定の範囲が「すぐに走って逃げて」にまで及ぶ場合は、次のように、「すぐに走って逃げて」と「クマを興奮させる」の両方が否定されることになります。以下では、「ない」の影響範囲を「■」で示します。

すぐに走って逃げてクマを興奮させ ない。

サッ

じりじり

↓「すぐに走って逃げてクマを興奮させる」ということをしない。
↓すぐに走って逃げたりしない&クマを興奮させない。

これに対し、「すぐに走って逃げて」が「ない」による否定の範囲に含まれない場合は、「クマを興奮させ」のみが否定され、「すぐに走って逃げて」は否定されません。

すぐに走って逃げて　クマを興奮させない。
↓すぐに走って逃げて、「クマを興奮させる」ということをしない。
↓すぐに走って逃げる&クマを興奮させない。

実は、「○○して△△しない」という形の文には、こういった曖昧さがつねに生じています。しかしたいていの場合、私たちは常識に従って、「ない」による否定の範囲を適切に理解しています。

たとえば、「建物内で異常事態が発生した場合は、**速やかに外に出て危険な場所に立**

ち入らないようにしてください」という文を見たときは、「速やかに外に出る&危険な場所に立ち入らない」と解釈するのが普通です。これは、「速やかに外に出て危険な場所に立ち入らない」のように、「速やかに外に出て」が「ない」の影響範囲の外にある解釈です。

　これに対し、「振り込め詐欺の被害が増えています。**怪しい電話の指示に従ってお金を振り込まないようにしましょう**」という文では、「怪しい電話の指示に従わない&お金を振り込まない」と解釈するのが常識的です。つまり、「怪しい電話の指示に従ってお金を振り込まない」のように、「怪しい電話の指示に従って」の部分まで否定されていると解釈するわけです。

「○○して△△しない」の曖昧さが問題になるのは、「すぐに走って逃げてクマを興奮させない」のように、一般常識だけではどちらの解釈が正しいのかが判断できないような文です。こういった場合は「○○して△△しない」という形を使わず、別の言い方をした方が無難でしょう。とくに、「○○して」の部分も否定する場合は、「○○**せず、**」といった表現に変える方が意図が明確に伝わります。

すぐに走って逃げてクマを興奮させないようにしましょう。
↓（言い換え）すぐに走って逃げたりせず、クマを興奮させないようにしましょう。

怪しい電話の指示に従ってお金を振り込まないようにしましょう。
↓（言い換え）怪しい電話の指示に従わず、お金を振り込まないようにしましょう。

「〇〇して」が否定の範囲に入らないケースでは、「〇〇して」の後に読点を打つのも有効です。

速やかに外に出て危険な場所に立ち入らないようにしてください。
↓（言い換え）速やかに外に出て、危険な場所に立ち入らないようにしてください。

次の例題を考えてみてください。

例題：次の各文で、傍線部は「ない」によって否定されているでしょうか？　考えてみましょう。
①熱があるときは、安静にして無理をしない方がいいよ。
②大雨警報が発令されていますので、川の近くに行って遊ばないようにしてください。

①で意図されている解釈は、「安静にする&無理をしない」です。つまり「安静にして」は「ない」の影響範囲の外にあります。
②で意図されている解釈は、「川の近くに行かない&遊ばない」です。つまり「川の近くに行って」は「ない」の影響範囲の内側にあります。

その他のよくある曖昧なパターンとして、「○○**のように**△△**ではない**」というものがあります。以前、SNSに写真をアップしている人に、別の人が「**あなたのように写**

真が上手ではない人は、どうしたらいいんでしょうね」とコメントをしていました。
私はこれを読んで、この人が「あなたは写真が上手だ」と言っているのか、「写真が下手だ」と言っているのか分かりませんでした。つまり、「あなたと違って、写真が下手な人はどうしたらいいんでしょうね」という解釈と、「あなたと同じように写真が下手な人はどうしたらいいんでしょうね」という解釈の間で迷ってしまったのです。

ここにも、「ない」の影響範囲が関係しています。「(では)ない」が「あなたのように写真が上手」全体を否定している場合は、次のようになります。この場合、「あなたは写真が上手だ」と言っていることになります。

解釈1：あなたのように写真が上手 ではない。
↓「あなたのように写真が上手だ」ということはない。(↓あなたは写真が上手だ)

これに対し、「(では)ない」が「写真が上手」だけを否定している場合は、次のようになります。この場合は、「あなたは写真が下手だ」と言っていることになります。

解釈2：あなたのように　写真が上手ではない。
↓あなたのように写真が下手だ。（↓あなたは写真が下手だ）

場合によっては、この発言をした人が解釈1を意図していたのに、言われた人が解釈2のように受け取る可能性もあります。そのような事態を避けるには、「○○のように△△ではない」という形式を使わない方が無難です。たとえば、「○○のように」のかわりに「○○と違って」を使い、「**あなたと違って、写真が上手ではない人はどうしたらいいんでしょうね**」と言えば、誤解を避けることができます。

問題：次の文には二通りの解釈があります。どんな解釈か考えてみましょう。
太郎が書く字は、花子の字のように美しくない。
（答えは巻末）

「七割以上の問題に正解できなかった場合」——数量表現と否定

以下の会話の中で、どんなすれ違いがあるか考えてみてください。

（試験前）

試験官：これから試験を始めます。この試験では、**七割以上の問題に正解できなかった場合、不合格になります。**よろしいですか？

受験者：分かりました。

試験官：では、問題を解いてください。

（試験後）

試験官：試験の採点が終わりました。あなたが正解できた問題は、全体の六割でした。つまり七割以上の問題に正解できなかったわけですから、残念ながら不合格です。

受験者：ちょっと待ってください。あなたが言っているのは、「七割以上の問題が不正解だったら不合格になる」っていうことでしょう？　つまり、「正解が三割未満だった場合は、不合格になる」ということですよね。私の場合、六割の問題に正解できたわけですから、不合格にはならないはずです。

試験官：違いますよ。私は「正解が七割未満だった場合は、不合格になる」って言ったんですよ。

受験者：いいや、私の解釈が正しいはずです。

試験官：どうして分かってもらえないんだろう。困ったな～。

この会話のすれ違いの原因は、「**七割以上の問題に正解できなかった**」という部分です。実のところ、この文には試験官の言う解釈と、受験者の言う解釈の両方があります。カギとなるのは、「七割以上の問題」という部分が「なかった」の影響範囲にあるかどうかです。

「七割以上の問題」が「なかった」の影響範囲内にある場合は、次のようになります。これは、試験官が意図した解釈です。

七割以上の問題に正解できなかった場合、不合格になる。
↓「七割以上の問題に正解できた」ということがなかった場合、不合格になる。
（↓正解が七割未満だった場合、不合格になる）

他方、「七割以上の問題」が「なかった」の影響範囲の外にある場合は、次のようになります。こちらは、受験者の側の解釈です。

七割以上の問題に　正解できなかった場合、不合格になる。
↓正解できなかった問題が七割以上あった場合、不合格になる。
（↓正解が三割未満だった場合、不合格になる）

「七割以上」に限らず、「全部」や「たくさん」など、数量を表す表現が否定文の中に出てくる場合には、たびたびこのような曖昧さが生じます。たとえば「**数学の問題が全部解けなかった**」という文には、「解けた問題もあるけれど、全部の問題を解くには至らなかった」という解釈と、「解けた問題が一つもない」という解釈があります。ここでのポイントも、「数学の問題が全部」が「なかった」の影響範囲にあるかどうかです。「数学の問題が全部」が「なかった」の影響範囲の中にある場合は、次のようになります。

解釈1：数学の問題が全部解け　なかった。
↓「数学の問題が全部解けた」ということはない。
↓全部の問題を解くには至らなかった（が、一部は解けた）。

「数学の問題が全部」が「なかった」の影響範囲の外にある場合は、次のようになります。

解釈2：数学の問題が全部 解けなかった。
↓解けなかったのは、数学の問題全部だ。
↓一問も解けなかった。

こういう曖昧さを避けるにはさまざまな方法があります。解釈1の場合は、「解けない問題があった」「一部の問題しか解けなかった」のように、「解けなかった問題の存在」に焦点を当てる言い方をすると曖昧さが消えます。解釈2の場合は、「解けた問題の数はゼロだった」「すべての問題が不正解だった」のように「ない」を使わずに言う方法や、「一問も解けなかった」「どの問題も解けなかった」のような表現を使う方法があります。

問題：次の文にどのような曖昧さがあるかを考えてみましょう。
①招待客が全員来ていない。

②六割以上の生徒が出席しない場合、授業は休みになります。　（答えは巻末）

数量表現と否定を含む文に「も」のような助詞が入る場合も、複数の解釈が生じることがあります。

たとえば、「パーティーに行ったら、**お客さんが十人も来ていなかった**」という文には、「（来るはずだったのに）来ていなかった人が十人もいた」という解釈と、「来ていた人の数が十人に満たなかった」という解釈があります。

「も」が「十人」のような数量を表す表現に付くとき、数量の多さについての驚きを表す場合と、最低限の数量を表す場合があります。たとえば「**太郎には、親友と呼べる友達が十人もいる**」と言う場合は、「も」は十人という数の多さに対する驚きを表しています。これに対し、「**この商品を買ってくれる人が十人もいれば元が取れる**」と言う場合は、十人が最低限の数であることを表しています。先ほどの「お客さんが十人も来ていなかった」という文は、「来ていなかった人が十人もいた」という「欠席者の多さについての驚き」を表しているのか、「最低でも十人来ると思っていたが、そうではなかった」という「想定していた最低限の人数」を表すのかで曖昧になっているわけです。

「〜ではありませんか？」にどう答える？

疑問文にも曖昧なものがあります。以前、お店でお酒を買おうとしたとき、レジのタッチパネルに次のような質問が現れたことがありました。「はい」か「いいえ」を選んで答えるタイプの質問です。

「二〇歳未満ではありませんか？」　はい　いいえ

この質問の意図は分かります。お酒を二〇歳未満の人に買わせないようにしたいのでしょう。その点、私は二〇歳を過ぎているので問題ありません。しかし、いざ答えようとしたとき、「はい」と「いいえ」のどちらを選ぶか迷ってしまいました。

この疑問文は、形の上では「二〇歳未満ではありません」という否定文に「か」が付いたものです。このことを考慮すると、「はい」と答えれば「二〇歳未満ではありません」と言ったことになり、逆に「いいえ」と答えれば「二〇歳未満です」と言ったことになりそうです。実際、「**忘れ物はありませんか?**」と尋ねられたときなどには、「忘れ物はありません」という意図で「はい」と答えることが多いように思います。

その一方で、日本語では、相手に「〇〇ですか?」と訊《き》きたいときに、遠回しに「〇〇ではありませんか?」と尋ねることもあります。たとえば、あなたが道を歩いているとき、ハンカチが落ちているのを見つけたとします。どうやら、少し前を歩いている人が落としたようです。あなたはハンカチを拾って前の人に追いつき、ハンカチがその人のものかどうかを尋ねます。このとき、「ちょっとすみません、これ、**あなたのハンカチではありませんか?**」という訊き方をする可能性はないでしょうか? 私だったら、かなりの確率でこういう訊き方をすると思います。

この「あなたのハンカチではありませんか?」は、「あなたのハンカチですか?」を少し遠回しに言ったものです。この場合、相手が「はい」と言えば、「私のハンカチです」と言ったことになり、「いいえ」と言えば、「私のハンカチではありません」と言ったことになります。

もし「二〇歳未満ではありませんか?」がこのタイプの疑問文であれば、「はい」と答えれば「二〇歳未満です」と言ったことになり、「いいえ」と答えれば「二〇歳未満ではありません」と言ったことになります。これは、先ほどとは正反対の答え方です。「〜ではありませんか?」や「〜しませんか?」のように、否定に「か」の付いた疑問文に「はい」と「いいえ」のどちらで答えるかは難しい問題です。こういうときは、「**二〇歳以上ですか?**」のように否定を含まない疑問文を使ってもらうか、答えの選択肢を「**二〇歳未満です**」「**二〇歳以上です**」といった文の形にしてもらえると助かります。

「オードブルって何ですか?」——定義か、詳細か

疑問文の曖昧さについて、もう一つ見ていきましょう。次の会話をご覧ください。

（フランス料理店にて）

客：（コースのメニューを指さしながら）すみません。ここに書いてある**「オードブル」って何ですか？**

ウェイター：オードブルというのは、食事の最初に出される軽い料理のことです。

客：（ちょっとムッとしながら）そんなことを聞いてるんじゃないんだけど。

この例は、私が実際に耳にしたことのある会話です。これを聞いたとき、客とウェイターの間にどんなすれ違いがあったのか、簡単に予想がつきました。お客さんの方はフランス料理にくわしい人で、当然、オードブルが「食事の最初に出される軽い料理」であることは知っていました。つまりその人の言う「「オードブル」って何ですか？」という質問は、「「オードブル」ってどういう意味ですか？」と尋ねているわけではなく、「オードブルとして、どんな料理が出てくるんですか？」ということでした。

しかしウェイターの人はそれが分からず、オードブルの定義を答えてしまいました。お客さんがムッとしたのは、自分がウェイターに「この人はオードブルの定義を知らないんだな」と思われていると感じたからでしょう。つまり、自分の知識の量を実際よりも低く見積もられたので、気分を害したわけです。

このやりとりを見て「気をつけなきゃ」と思っていた私も、その数年後に似たような失敗をしてしまいました。人工知能関連の研究会で、研究発表をしていたときのことです。質疑応答の時間になり、聴衆の中から手が上がりました。その方の質問は、「ご発表の中で「機械学習を利用した」とおっしゃいましたが、その**「機械学習」って何ですか?」**というものでした。

私は、「研究会に来られるような方が、ずいぶんと基本的な質問をされるものだなあ」と思いました。というのも、人工知能の研究者ならば普通「機械学習」とは何かを知っているからです。しかし私はそれ以上深く考えず、とりあえず機械学習の定義を説明しました。すると質問した方はそれを途中で遮って、「いや、そんなことは分かっているので、具体的にどんな手法を使ったのか教えてください」と言ったのです。つまりその方は、私が発表の中で言った「機械学習」の詳細を知りたい、つまり機械学習の手法のうち、どれを使ったのか知りたいと言っていたわけです。私が恥ずかしさでいっぱいになったのは言うまでもありません。

このように「〇〇って何ですか？」という質問には、「そもそも〇〇が何であるかを知らないので、定義を教えて欲しい」という意図が込められている場合もあれば、「〇〇とは具体的には何なのか」とか「〇〇の詳細を教えて欲しい」という意図が込められている場合もあります。とっさにどちらであるかを見極めるのは難しいことですが、深く考えずに「定義を訊かれている」と解釈して答えてしまうと、こちらが「この人は〇〇の定義すら知らないのだ」と考えていることが明るみに出てしまいます。

それ以来、私が使っている戦略は次の通りです。「〇〇って何ですか？」と訊かれたら、とりあえず「相手はすでに定義を知っており、詳細を尋ねている」と仮定して答えます。その上で相手が「そうじゃなくて、そもそも定義が分からないんです」と言ってきたら、定義の説明に移行します。相手がどれくらいの知識を持っているのかを見極めるときは、最初に低く見積もるよりも、高めに見積もった方が失敗が少ないように思います。

29　参考：知床財団ＨＰ（https://www.shiretoko.or.jp/higumanokoto/bear/bear2/）。ただし、クマとの距離やそのときの状況ごとに、推奨される行動が変わってきます。くわしくは専門のサイトなどでご確認ください。

8 「自分はそれですね」――代名詞の曖昧さ

「それ、僕です」――「それ」や「彼」の解釈

人間の言葉には、「同じ表現の繰り返しをできるだけ避ける」という性質があるように思います。もちろん言語によってある程度の差はありますが、私たちは同じ表現を何度も聞かされると、少し鬱陶しく感じがちです。

繰り返しを避けるための方法の一つとして、人間の言語には「**代名詞**」が備わっています。日本語で言えば「それ」や「これ」、「彼」「彼女」などの表現がそれにあたります。これらを使えば表現が簡潔になりますが、具体的に何を指すかが相手に伝わらないと、しばしば言葉のすれ違いを生み出します。

言葉のすれ違いは、お笑いにも利用されることがあります。お笑いコンビのアンジャ

ッシュの「すれ違いコント」を見ると、代名詞の解釈が話し手と聞き手の思い込みに影響を受けることがよく分かります。

彼らのコントの中に、路上で不審者を見つけて通報した人と、通報を受けて駆けつけた警察官が登場するものがあります。警察官は、現場にいる通報者を見て、「こいつが不審者なのだろうか」と考えます。警察官が通報者に近づき、不審者がいたとの通報を受けたことを話すと、通報者は「**それ、僕です**」と答えます。その結果、警察官は通報者のことを「不審者本人」だと勘違いしてしまいます。

ここでのすれ違いの原因は、「それ、僕です」の「**それ**」が曖昧であることにあります。通報者は当然、「通報をした人物は僕です」というつもりでそう言ったのですが、警察官は「不審者は僕です」と言ったと解釈しました。

「それ」は、そこまでの文脈に現れているものを指す代名詞です。そして、「それ、僕です」の前の文脈には、「不審者」と「通報した人」の両方が現れています。聞き手である警察官は、「それ」がどちらを指すのかを見極めなくてはなりません。もともと警察官は通報者を見て「怪しい」と思っていたため、通報者の言う「それ」を不審者のことだと解釈してしまったのです。

「それ」に限らず、文脈上にすでに現れたものを指すタイプの代名詞には、このような曖昧さが生じることがあります。たとえば、「彼」や「彼女」といった人称代名詞もしばしば曖昧になります。次の例題を考えてみてください。

例題：次の文には、どのような曖昧さがあるか考えてみましょう。

①花子は庭で花を摘んだ。太郎はそれを絵に描いた。

②太郎は次郎に彼のカバンを手渡した。

---

①は「それ」が「花子が摘んだ花」を指しているのか、「花子が花を摘むところ」を指しているのか曖昧です。前者の場合、太郎は花を描いたことになり、後者の場合は花子が花を摘む場面を描いたことになります。

②は、「彼」が誰を指しているかによって複数の解釈が出てきます。もし太郎を指している場合は、「太郎は次郎に太郎のカバンを手渡した」ということになりますし、次

郎を指しているのなら「太郎は次郎に次郎のカバンを手渡した」ということになります。さらに、これらとはまた別に、「彼」が太郎でも次郎でもない誰か（たとえば三郎）を指している解釈もあります。

「君か！」――ゼロ代名詞の解釈

アンジャッシュのまた別のコントに、スーパーにアルバイトの面接に来た人と、スーパーの店長との会話をベースにしたものがあります。冒頭、アルバイト志望者が部屋で待機していると、外の廊下を店長が通りかかります。店長は携帯電話で部下と会話しており、先ほど店内で万引きの犯人が捕まったこと、その犯人がどこかの部屋に連れて行かれたことを知らされます。店長は犯人と話をするため、犯人のいる部屋を探しますが、間違えてアルバイト志望者のいる部屋に入ってしまいます。店長はアルバイト志望者を見るなり、「君か！」と尋ねます。アルバイト志望者がそれに「はい！」と答えたため、店長は志望者のことを万引き犯だと思い込みます。

やるぞ！
楽勝〜♫
やりやすそうだなと
は？

ここで重要なのは、「君か！」という店長の質問に、「○○は」という情報、つまり「主語」が現れていない、ということです。店長は当然、「(万引き犯は) 君か！」というつもりで質問しています。しかし、アルバイト志望者は万引きのことなどはつゆ知らず、店長が自分を面接するために来たと思っています。よって、「君か！」という問いを「(アルバイト志望者は) 君か！」と解釈し、「はい」と答えたのです。

このコントではさらに、勘違いをした店長がアルバイト志望者に「**君は見るからにやりそうだな！**」と言います。店長はこれを「君は見るからに (万引きを) やりそうだな」というつもりで言っているのですが、アルバイト志望者は「君は見るからに (仕事を) やりそうだな」と言われたと思い、「ありがとうございます」と言ってしまいます。

これらの例にみられる「表面的に現れない主語や目的語」は、この本の第5章で紹介した「**ゼロ代名詞**」です。ゼロ代名詞は「音を持たない代名詞」ですから、「それ」や「彼」「彼女」と同じような曖昧さを持つわけです。

すでに説明したとおり、ゼロ代名詞になりやすいのは、その文の主語や話し手、あるいはそこまでの文脈で話題になっている物事です。つまり、話し手が「言わなくても分かるだろう」と判断した要素が省略されるのです。たとえばお笑い芸人のとにかく明るい安村さんは、パンツ一丁で「裸に見えるポーズ」を披露した後、裸ではないことを伝えるために「安心してください。穿《は》いてますよ」という決め台詞《せりふ》を言います。この「穿いてますよ」には、主語も目的語も出てきていませんが、私たちはこれが「（私は）（パンツを）穿いてますよ」であると理解しますし、不自然だとも思いません。

ちなみに英語の文には、日本語のようなゼロ代名詞が出てきません。日本語ならば主語や目的語を言わなくていいような文でも、英語に訳すときは主語や目的語を補わなくてはなりません。とにかく明るい安村さんも、イギリスでネタを披露したときは、「穿いてますよ」を「I'm wearing」と言っていました。つまり主語の「I」を補ったわけです。しかしそれでも、まだ目的語が欠けています。するとそれを補うかのように、イギリスの観客たちが「pants!」と叫んでいました。

ゼロ代名詞を含む文の英訳は、たまにとんでもない誤訳になることがあります。エイミー・ワインスティン著『ヘンな英語』（ディスカヴァー・トゥエンティワン）には、日本の工事現場にある「あぶないから、はいってはいけません」という注意書きが、

「Because you are dangerous, you must not enter.」（＝あなたは危険人物なので、入ってはいけません）と英訳されていた例が挙げられています。この注意書きの本来の意図は「（ここは）危ないから（皆さんは）入ってはいけません」であったはずですが、英訳の際に「ここは」に相当するゼロ代名詞が「you」と訳されてしまったために、このような意味になってしまったのです。

とはいえ、日本語でも、何でも無秩序にゼロ代名詞にしているわけではありません。私たちも、重要だと思う要素は省略せず、無意識に強調したりしています。その一方で、分かりきっていることをわざわざ言わずに済むのは、情報を効率的に伝えるのに役立ちます。

問題が起こるのは、自分にとって分かりきっていることが、相手にとってはそうではないような場合です。そういう状況を防ぐには、とくに話し始めの段階で、相手と自分がどれほどの情報を共有しているかに注意する必要があるでしょう。

また、文中のどこにゼロ代名詞があるかが分かりにくいときも、たびたび曖昧さが生じます。

たとえば、「花子は太郎を褒めたが、次郎は褒めなかった」という文について考えてみましょう。後半の「次郎は褒めなかった」という部分は、主語と目的語のどちらがゼロ代名詞になっているかによって、二つの解釈が出てきます。

一つには、「次郎は（誰々を）褒めなかった」のように、「誰々を」という目的語がゼロ代名詞になっている場合が考えられます。このとき、文脈を考慮すれば、「誰々」＝「太郎」と解釈するのが自然です。つまり、「花子は太郎を褒めたが、次郎は太郎を褒めなかった」という解釈になります。

一方で、「（誰々は）次郎は褒めなかった」のように、「誰々は」という主語がゼロ代名詞になっていることも考えられます。このとき、文脈を考慮すれば、「誰々」＝「花子」となるでしょう。つまり、「花子は太郎を褒めたが、花子は次郎は褒めなかった」となります。

ここでの問題は、「次郎は」が主語なのか、目的語なのかで曖昧だということです。通常、主語[30]には「が」、目的語には「を」という助詞が付きますが、「は」は両方に付くことができ、しかも「は」が付いてしまうと、それがもともと主語だったのか、目的語だったのかが分からなくなります。その曖昧さに伴って、同じ文中で主語と目的語のどちらがゼロ代名詞になっているかも分からなくなるのです。

同じような曖昧さは、「は」だけでなく「も」などによっても引き起こされます。次の問題を考えてみてください。

問題：次の文には、どのような解釈があるでしょうか。
花子は太郎を自分の結婚式に招待した。次郎も招待した。

（答えは巻末）

「自分を過大評価している」——「自分」は何を指すか

「自分」もよく使われる代名詞ですが、しばしば曖昧になります。たとえば「**花子は、太郎が自分を過大評価していると思っている**」という文を考えてみましょう。この文は、「自分」が花子を指すか太郎を指すかによって、二通りの解釈が出てきます。前者の場合は、花子が「太郎は私を過大評価している」と思っていることになり、後者の場合は、花子が「太郎は自分自身（＝太郎）を過大評価している」と思っていることになります。「自分」には、「彼／彼女」と少し違った性質があります。次の二つの文を比べてみてください。

①太郎は次郎に彼のカバンを渡した。
②太郎は次郎に自分のカバンを渡した。

①は、「彼」が太郎を指すか次郎を指すか曖昧です。これに対し、②にはそのような曖昧さがなく、「太郎は次郎に太郎のカバンを渡した」という解釈しかありません。つまり②の「自分」は太郎を指すことはできますが、次郎を指すことはできないのです。

一般に「自分」は、同じ文の中にある「主語」を指す傾向があることが知られています。つまり「○○は」や「○○が」のような名詞句を指すことが多く、「○○に」「○○を」など、その他の助詞が付く名詞句は指しづらいのです。[31]

ただし、指すものが「すぐ近くにある主語」である必要はないため、同じ文中に主語が複数あると、「自分」がどちらを指すかが曖昧になることがあります。先ほどの「花子は、太郎が自分を過大評価していると思っている」という文では、「自分」と同じ文の中に「花子は」と「太郎が」という二つの主語が出てきているため、「自分」がどちらを指すのかで曖昧になっているのです。

また、「自分」が指すものが必ず同じ文中にあるとは限りませんし、他の言葉に頼らなくても「指すもの」が決まることもあります。たとえば、「**人生において、自分を知ることほど重要なことはない**」などと言う場合、「自分」が指しているのは文中に現れていない「人間全般にとっての自己」のようなものです。さらに、「**自分はこう思います**」のように、「私」の代わりの一人称として「自分」が使われることもあります。「自分」という言葉は、なかなか奥が深いのです。

30 ただし、目的語に「は」が付く場合は、同じようなものを比較する「対比」の用法になります。

31 ただし、次のような例もあります。
山田先生は太郎に、自分の将来についてよく考えてほしいと伝えた。

太郎の両親は、太郎に自分の進みたい道を選ばせた。

これらの例では、「山田先生は、太郎に太郎の将来についてよく考えて欲しいと思っている」「太郎の両親は、太郎に太郎の進みたい道を選ばせた」という解釈が可能です。つまり、「自分」が「太郎（に）」を指しているのです。実は、これらのような構文に現れる「○○に」は主語に近い性質を持っており、それゆえに、「自分」で指しやすくなっています。

9 「なるはやでお願いします」——言外の意味と不明確性

「お風呂に入らない子はだあれ?」——言外の意味

ここまでですでに、何種類もの曖昧さを見てきました。これらを完全になくすのは実質的に不可能ですし、たとえそんなことができたとしても、言葉のすれ違いがなくなるわけではありません。その理由として、(1)言葉にはしばしば「言外の意味」が込められること、(2)ほぼすべての言葉に「不明確性」があることが挙げられます。

まずは、「言外の意味」から見ていきましょう。私たちは会話において、相手が言ったとおりのことを受け取っているわけではありません。

たとえば、窓のすぐそばにいるときに、人から「**そこの窓、開けられる?**」と尋ねられたとします。この文は、見た目上は「窓を開けられるかどうか」を尋ねる質問ですが、これに対して「はい、開けられますよ」と答えるだけで済ませる人はあまりいないと思います。たいていの人は、すぐに窓を開けてあげるはずです。それは、この文に「窓を開けて」という言外の意味があること、つまりこれが実質的に「依頼」であることを理解しているからです。

同様に、会社にかかってきた電話で「○○課長はいらっしゃいますか？」と尋ねられたときに、「相手は単に、課長が会社にいるかいないかを尋ねているだけだ」と思う人はほとんどいないと思います。課長がいる場合には、「少々お待ちください」と言って、課長に電話を取り継ぐでしょう。なぜかというと、私たちはこの質問が、実質的には「○○課長に取り次いでください」という依頼であることを知っているからです。

こういった言外の意味は、聞き手の側が「なぜ、話し手はこの状況で、このようなことを言うのだろうか。それはおそらく、こういう意図があるからだ」という推測をしていることによって生じています。ただし、以上のような例は半ば慣習化されたものであるため、そもそも言外の意味であることに気づかない人も多いかと思います。

しかし中には、文字通りに受け取ったらいいのか、言外の意味があると考えるべきなのか分からないケースも多々あります。たとえば、何かお菓子を食べているときに、一緒にいる人から「**それ、おいしそうだね**」と言われたとしましょう。こういうとき、この人が「そのお菓子をちょうだい」と言っているようにも思えるし、そういう意図はなく、単にそのお菓子について思ったことを言っているだけである可能性もあります。言われた側としては、お菓子をあげた方がいいのか迷ってしまうかもしれません。いずれにしても、言外の意味はあくまで聞き手側が推測するものなので、それが実際に話し手の意図であるという保証はありません。

言外の意味は、状況によって変わってくることもあります。たとえば、もし小さい子どもが保護者に「**ケーキを食べたい**」と言う場合は、「ケーキを食べさせて」という意味だと受け取ることが多いでしょう。他方、大人の友人どうしで会話をしているときに一方がこのように言う場合は、「今から一緒にケーキを食べに行こう」という提案かもしれません。

また、話し手の側からしても、言外の意味がつねに相手に通じるとはかぎりません。以前、小さい子のいる親御さんが、お風呂に入ろうとしないお子さんに「**いつまでもお**

風呂に入らない子はだあれ?」と言ったところ、お子さんが「**ぼく**」と答えたという話をしていました。親御さんはお子さんに「早くお風呂に入りなさい」と言いたかったのに、お子さんは単なる質問だと受け取ったわけです。

歴史上には、言外の意味を使って窮地をしのいだ例もあります。[32] 四世紀に活躍した聖職者アタナシオスは、時の皇帝から迫害を受けて逃亡していたとき、追っ手に追いつかれそうになりました。あたりは薄暗く、顔の識別ができない中、追っ手たちはアタナシオス本人に「アタナシオスはどこだ」と尋ねます。そのときにアタナシオスが口にした答えは、「**そう遠くにはいない**」というものでした。

この答えは嘘《うそ》ではありません。アタナシオスはその言葉どおりに、追っ手たちから「そう遠くない」ところにいたわけですから。しかし追っ手たちは、まさかアタナシオス本人がそんなことを言っているとは思いません。つまり彼らは、アタナシオスの答えから勝手に「私はアタナシオスではない」という言外の意味を読み取ったわけです。追っ手たちはすぐに他の場所を探しに行きました。アタナシオスは言外の意味を利用することで、「嘘をつかない」という聖職者の掟《おきて》を守りつつ、難を逃れることができたのです。

例題：次の傍線部の「言外の意味」を推測してみましょう。

①「今日、飲みに行かない？」「ええと、私、明日の朝早くから仕事が入ってるんですよね」

②「好きです。僕と付き合ってください」「私、好きな人がいるんです」

③「ねえ、奈良の大仏がある寺の名前、分かる？」

①の傍線部は、文字通りに解釈すれば自分の予定を言っているにすぎません。しかし、「飲みに行かない？」という誘いに対してこう言っているということは、「飲みに行くことはできません」と断る意図があると推測されます。ただし、この後に「だから、一時間だけ飲んで、すぐ帰ります」と言っても矛盾にはなりません。

②の傍線部は、文字通りに解釈すれば「自分に好きな人がいる」と言っているだけですが、「僕と付き合ってください」という告白に対してこう言っているということは、

「お付き合いできません」という意図があると考えられます。ただし、この後に「私が好きな人というのはあなたです。だから、あなたとお付き合いします」と続けることも、少々不自然ではありますが、不可能ではありません。

③は、見た目上は「奈良の大仏のある寺の名前が分かるか、分からないか」を尋ねる質問ですが、実質的に「その寺の名前を教えて」と言っていると推測されます。ただし、この後に「お寺の名前を教えてって言ってるわけじゃなくて、単に知ってるかどうか聞いてるだけだから」と言っても矛盾にはなりません。

「なるべく早く」——言葉の不明確性

次に、「言葉の**不明確性**」について見ていきましょう。不明確性というのは曖昧さの一種で、「抽象的な言葉を具体的な物事に結びつける際に、多くの解釈が出てきてしまうこと」です。不明確性によって生じる解釈をすべて列挙することは不可能です。

不明確性の例として一番分かりやすいのは、いわゆる「ぼんやりした言葉」でしょう。

たとえば誰かに仕事を頼むとき、「**なるべく早く仕上げて**」とか「**この書類、もう少し短くして**」と言っても、いつまでに仕上げればいいのか、またどれほど短くすればいいのかが明確ではありません。その職場で長く働いている人は「だいたいこれくらいだろう」と推測できるかもしれませんが、新入社員は困惑するでしょう。

これらの例では、そもそも「なるべく」や「もう少し」といった副詞がぼんやりしている上、「早い」「短い」などといった形容詞も具体性を欠いています。とくに形容詞の解釈は、「どこに基準を置くか」によって変わります。「早い」が今から一ヶ月以内を表すこともあれば、三日以内や一時間以内を表す場合もあるでしょう。トラブルを避けるには、「〇月〇日までに仕上げて」とか「この書類、〇〇ページ以内に収まるようにして」と、具体的な日付や数字を入れる必要があります。

形容詞つながりで言えば、「**ない**」という言葉も、実はぼんやりしています。これが「存在しない」という意味だと考える人は多いでしょうが、つねにそうだとはかぎりません。たとえば、私たちはしょっちゅう「**お金がない**」などと言いますが、本当に所持金ゼロである場合もあれば、そうでない場合もあります。後者の場合は、欲しいものを手に入れるとか、何か自分の目的を果たすためのお金の額が「基準」になっていて、「自分の所持金の額がその基準に満たない」という意味で「お金がない」と言っているわけです。

「**大事にする**」といった表現もぼんやりしています。恋人どうしや夫婦の間で、一方は相手を大事にしているつもりなのに、他方が「大事にされていない」と感じるのはよくあることです。これも、「大事にする」が具体的にどういうことなのかについて、双方の考え方が異なるからでしょう。

また、政治のスローガンには、「**地域を元気に**」とか「**子育てしやすい環境作り**」のように、ぼんやりしているものが多く見られます。こういった文句は、具体性を欠いているがゆえに、大勢の人にとって受け入れやすい、無難なメッセージになっています。利害関係がはっきりしないので、反発を受けにくいのです。

以前読んだ記事[33]の中で、グルメリポーターとして有名な彦摩呂さん、石塚英彦さん、ヨネスケさんが、あまり美味《おい》しくない料理が出てきたときにどうリアクションしているかという質問に答えていました。彦摩呂さんは「**好きな人にはたまりませんね**」と言い、石塚さんは「**味の未体験ゾーンに突入しました**」とか「**まったく食べたことない味ですね**」、ヨネスケさんは「**なかなかですね〜**」とコメントするそうです。どれも、味についての具体的な言及を避けた、巧みなコメントだと思いました。

不明確性が生じるのは、見るからにぼんやりした言葉だけではなく、一見具体的な言葉にも生じます。というのも、たいていの言葉は多かれ少なかれ抽象的だからです。

たとえば「**ギョウザ**」という言葉を聞くと、皆さんの頭の中には具体的なギョウザのイメージが思い浮かぶと思います。しかし、世の中に存在するギョウザには、いくつものバリエーションがあります。

私が子どもの頃の話ですが、祖父と祖母の家に遊びに行ったとき、祖母がギョウザを作ってくれました。私が「ギョウザが好き」と言ったのでわざわざ作ってくれたのですが、私はそれを食べませんでした。というのも、いつも母が作ってくれるギョウザと違ったからです。当時の私にとっての「ギョウザ」とは、「母の作るギョウザ」であり、見た目の違う祖母のギョウザは別物だと思ってしまったのです。

このように「ギョウザ」と一口に言っても、その言葉から思い浮かべる具体的なイメージは個人によって違います。さらに極端なことを言えば、この世に二つとして同じギョウザはありません。「ギョウザ」という言葉は、そういった違いを無視してひとくくりにした抽象的なものなのです。そういう抽象的な言葉を具体的な物体に結びつけるときには、幾通りもの可能性があり、そこで「すれ違い」が起こることがあるのです。

この世のすべての物事を違う言葉で区別することは不可能ですし、むしろ、細かい違いを無視して同じ言葉で表現することによって、円滑なコミュニケーションが可能になっています。不明確性は、そういった便利さと表裏一体であると言えます。

32　参考：Triniti Communications（2023）"Memorial of St. Athanasius, Bishop and Doctor of the Church," Cathoric Culture.（URL: https://www.catholicculture.org/culture/liturgicalyear/calendar/day.cfm?date=2023-05-02）この例については、哲学者の古田徹也さんに教えていただきました。

33　エンタメRBB「〝微妙な料理〟を出されたら……グルメレポーターたちが巧みなテクニック明かす」、二〇一三年七月二四日。URL: https://www.rbbtoday.com/article/2013/07/24/110175.html

10 曖昧さとうまく付き合うために

曖昧さは何重にも重なる

さて、ここまで読んでくださった皆さんには、一口に「曖昧」と言っても、その要因が多岐にわたることを実感していただけたかと思います。私たちがふだん何気なく発する言葉には、異なる曖昧さの要因がいくつも重なり、暗に膨大な解釈を生み出しています。

ここで、これまでのおさらいも兼ねて、「**太郎が好きな人が多い場所**」という名詞句にいくつの解釈があるかを考えてみましょう。皆さんは、いくつの解釈を思い浮かべられるでしょうか？

第5章では、句や文の構造の違いによって複数の解釈が出てくるケースを見ました。

「頭が赤い魚を食べる猫」という例には、構造の違いによって五つもの解釈がありました。「太郎が好きな人が多い場所」にも、「太郎が好きな」という関係節が「人」を修飾しているのか、「(人が多い)場所」を修飾しているのかという、構造の違いによる曖昧さがあります。前者の場合は、「太郎が好きな人が、たくさん集まっている場所」という意味になり、後者の場合は「太郎が好む、人が多い場所」という意味になります。

構造1:[[[太郎が好きな]人]が多い]場所 →解釈1:太郎が好きな人がたくさん集まっている場所

構造2:太郎が好きな[[人が多い]場所] →解釈2:太郎が好む、人が多い場所

さらに解釈1については、同じく第5章で見たように、「太郎が好きな人」の部分が「太郎のことを好きな人」なのか、「太郎が好いている人」なのかという曖昧さがあります。これを分けると、三通りの解釈があることになります。

太郎が好きな人が多い場所

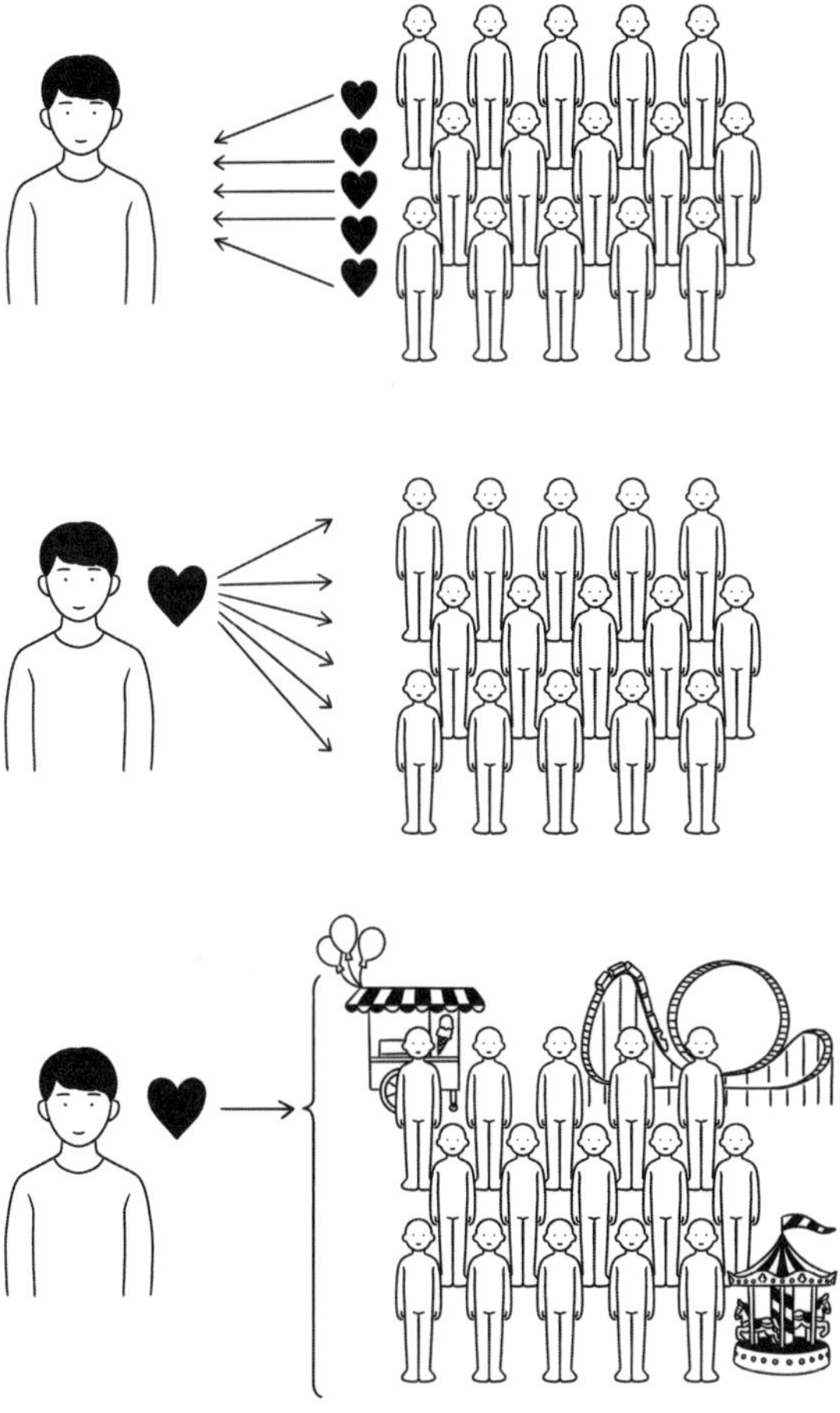

解釈1－1：太郎のことを好きな人がたくさん集まっている場所
解釈1－2：太郎が好いている人がたくさん集まっている場所

「太郎が好きな人が多い場所」の解釈はこの三つにとどまりません。第4章では、「限定的修飾」と「非限定的修飾」の違いを見ました。この表現の解釈2にも、「人が多い場所のうち、太郎が好む場所」という「限定的修飾」の解釈と、「人が多い場所という、太郎が好むもの」という「非限定的修飾」の解釈が可能です。これで、解釈は四つに増えました。

解釈2－1：人が多い場所のうち、太郎が好む場所
解釈2－2：人が多い場所という、太郎が好むもの

さらに、右のどの解釈にも、第3章で見た「特定のものを指しているのか、性質を表しているのか」という曖昧さが付随します。たとえば、「私は今日、太郎が好きな人が

多い場所に行ってきた」という文の中では、「太郎が好きな人が多い場所」は、どこか具体的な場所のことです。他方、「太郎が好きな人が多い場所がどこかにあるなら行ってみたい」という文の場合は、特定の場所というよりも「場所の性質」です。この曖昧さを考慮すると、「太郎が好きな人が多い場所」には少なくとも八通りの解釈があるということになります。

別にこの例が特殊であるというわけではなく、たいていの句や文には種類の異なる曖昧さが積み重なっています。私たちは無意識に「ありえない解釈」や「考慮しなくてもいい解釈」をそぎ落としていますが、それでもいくつかの曖昧さは残ります。私たちが言葉の曖昧さから自由になることはほとんどないのです。

短い言葉に注意する

曖昧さによる言葉のすれ違いをできるだけ防ぐには、「どういうときにすれ違いが起きやすいか」を知ることが有効です。そういった状況の一つに、「短い言葉の中に情報を詰め込みすぎるとき」があります。時折「短い言葉を使えば誤解が生じないはずだ」という意見を耳にしますが、短い言葉でも油断はできません。

たとえば、「**はい**」という言葉はとても短い言葉なので、曖昧さが入る余地はないように思えます。しかし、すでに第7章で見たように、「あなたは二〇歳未満ではありませんか?」という質問に対する答えとして「はい」と言うと、二〇歳未満だと答えているのか、そうではないと答えているのか曖昧になります。意図を明確にするには、「はい」の後に「二〇歳未満です」あるいは「二〇歳未満ではありません」といった表現を補足するなど、工夫が必要です。

ニュース記事の見出しのように、きわめて短い言葉で情報を伝えなければならない場合にも、しばしば曖昧さが生じます。以前、とある有名人（Aさんとします）について、「**A氏が理事長の機構本部のガラスを破壊**」という見出しを見たことがありました。私は一瞬「Aさんがガラスを割ったのだろうか」と思いましたが、実際は「A氏が理事長を務める機構本部に不審者が侵入し、ガラスを割った」というニュースでした。

短いスペースに情報を詰め込もうとすると、「が」「を」「に」などの助詞を省略したり、むやみにゼロ代名詞を使ったり、句読点を省いたりしてしまいがちです。そうすると、分かりにくくなる上、可能な解釈が何通りにも増えてしまいます。スペースが限られている場合は仕方がないかもしれませんが、そうでない場合は、一言か二言でも情報を追加すると正しく伝わる可能性が高くなります。

また、他人に指示や依頼をする場合は、理由や目的まではっきりさせると曖昧さが軽減します。たとえば、食事の準備をしているときに、手伝ってくれる人に「**スプーンを持ってきて**」などと言うことがあります。しかし、これだけだと、相手はどんなスプーンを持っていったらいいのか分からないかもしれません。この場合、「これからカレーを食べるから、スプーンを持ってきて」とか「パンにジャムを塗りたいから、スプーンを持ってきて」のように言えば、用途に相応しいスプーンを持ってきてもらえる可能性が高まります。

言いたいことを予測してもらうには

もっとも、長く言葉を重ねることで話がくどくなったり、要点がぼやけたりすることも確かです。私たちは他人の言葉を聞きながらつねに頭を働かせていますから、長々と話されると集中力が途切れ、理解があやふやになることがあります。

一般に、一番重要なことはできるだけ早く言うのが有効です。たとえば仕事で取引先に書類の修正を依頼したいとき、「先日お送りいただいた書類ですが、内容を確認しましたところ、一頁目と三頁目は問題がなく、二頁の一〇行目の金額に誤りがあり、こちらで修正することができないため、修正と再発行をお願いいたします」という言い方をしてしまうと、相手は最後まで読まないと何を依頼されているのか分かりません。

これに対し、まったく同じ内容でも、「先日お送りいただいた書類に誤りがありましたため、修正と再発行をお願いいたします。修正していただきたい箇所は、二頁の一〇行目の金額です。一頁目と三頁目については問題ございません。あいにくこちらで修正

することができないため、お手数をおかけいたしますが、どうぞよろしくお願いいたします」のように言えば、早めに要点が伝わります。

また、後者の言い方なら、相手に「次にどんな情報が来るか」を予測してもらいやすくなります。先に「書類に誤りがあったので、修正と再発行をお願いしたい」ことを知らせれば、聞き手は当然、「書類のどの部分を修正すればいいのかな」と疑問に思います。そこですぐに「二頁の一〇行目の金額」という答えを提示すれば、相手はスムーズに理解できます。

相手が先を予測できるような伝え方をすることは、すれ違いを防ぐ上で重要です。日本語の文は「誰々が　何々を　どうした」という語順なので、結論が最後に来てしまいがちです。しかし工夫次第では、結論を早めに「予告」することができます。

接続詞を適切に使うことは、そういった工夫の一つです。誰でも「**しかし**」という言葉を聞けば、「これから、今まで言ったことに反するようなことを言うのかな」と予想できますし、「**たとえば**」と聞けば「これから具体例を挙げてくれるんだな」と、心の準備をすることができます。

副詞も重要です。言語学者の石黒圭さんは、著書『コミュ力は「副詞」で決まる』（光文社新書）の中で、一部の副詞に「文の内容を予告する」働きがあることを指摘しています。たとえば、「いったい」という副詞が文の最初にあれば、その文が疑問文であることが分かりますし、「ぜんぜん」があれば否定文、「おそらく」があれば推量を表す文であることが明らかになります。また、「幸いにも」や「あいにく」といった「評価を表す副詞」も、後に続く内容の良し悪《あ》しを予告してくれます。

状況によっては、「は」や「も」などといった助詞を使って、自分の意図を早めに知らせることもできます。たとえば、何人かで喫茶店に入ったときに、他の人が先に「私はコーヒーにします」と言ったとします。この後で自分の注文を言う際に、「私もコーヒーにします」という言い方をすれば、「私も」まで言った時点で、他の人には「この人もコーヒーを注文するんだな」と伝わります。他方、同じ状況で「私は」と切り出せば、その時点で他の人は「この人は、コーヒーではないものを注文するんだろうな」と推測できます。

その他、述語を早めに言いたい場合は、「○○したのは、△△です」といった構文を使うという手もあります。たとえば「私が驚いたのは、これこれこういうことです」という言い方をすると、「私はこれこれこういうことに驚きました」と言うよりも、「話し手が何かに驚いた」という情報が早く伝わります。

文脈の影響を考慮する

自分の言うことを相手に予測してもらいやすくすることは、別の言い方をすれば、「自分の言うことが相手にとって理解しやすくなるような文脈を作る」ということでもあります。私たちは、他人の言葉を理解するとき、文脈に大きな影響を受けています。実際、私たちは言葉そのものよりも、文脈の方を重視して言葉を理解することが多々あります。

たとえば、お店に入ったときに店員さんが「しゃっせー」と言うことがありますが、私たちはそれを難なく「いらっしゃいませ」だと理解します。それは、私たちが「ここはお店なんだから、店員さんは「いらっしゃいませ」と言っているに違いない」と思っているからです。このように、文脈さえはっきりしていれば、言葉があやふやでも問題なく理解できます。

「文脈に影響を受けやすい」という私たちの性質は、悪用されることもあります。電話口で「**俺、俺**」と言う「オレオレ詐欺」は、聞き手側が持っている「うちに電話をかけてきて「俺、俺」などと言うのは、うちの息子ぐらいしかいない」という思い込みにつけこんで、聞き手を「俺」=「息子」という解釈に誘導します。昔からある「**水道局の方から来ました**」という言葉を使った詐欺でも、水道局員の格好をした人がこのように言うことによって、相手に自分のことを水道局から来た水道局員だと思い込ませます。しかし実際は、その人は水道局から来たわけではなく、水道局の「方角」から来ただけなのです。ここには、「～の方」という表現に、物事をやんわりと言う「婉曲《えんきょく》」の意味と「方角」の意味があることが関わっています。

私たちが文脈から見て自然な解釈を選びやすいということは、逆に言えば、「それまでの文脈に関係のないことを言われたり、話の流れが急に変わったりする場合は、誤解が生まれやすくなる」ということでもあります。

先日、街を歩いていたら、後ろを歩いていた男性二人の会話が聞こえてきました。「新宿区はこうだ」とか「杉並区ではこうだ」などと、「区」についての話をしているようでした。ふと、一方の男性がもう一人に「**何食う？**」と尋ねました。ちょうどお昼どきだったので、何を食べるか相談しようと思ったのでしょう。しかし、それに対するもう一人の男性の返答は、「俺？　渋谷区」というものでした。つまり彼は、「**何区？**」と質問されていると思ったのです。

「何食う？」と「何区？」は発音が違いますし、この質問は私の耳にもはっきりと「何食う？」と聞こえました。しかし、質問された方の男性は、実際に聞こえてきた言葉そのものよりも、それまでの文脈を優先したのです。つまり、「今は「区」についての話をしているんだから、「何区（に住んでいるの）？」と聞かれているに違いない」と思ったわけです。

このとき、もし質問した側の男性が「あ、お腹空《なかす》いてきたね」とか「そろそろお昼だね」などとワンクッション置いたあとで「何食う？」と尋ねていたら、おそらく誤解は生まれなかったでしょう。

話題を変えるときは、「これから何の話をしようとしているのか」と明確にすることが重要です。実は私も先日、急に話題を変えて話し相手を混乱させてしまいました。前の晩に見た夢の話をしようとして、「**昨日、仕事で大失敗した夢を見た**」という言い方をしたため、途中まで聞いた相手に「え！　仕事で大失敗したの？」と心配されてしまったのです。次から夢の話をするときは、「ゆうべ見た夢の話なんだけど」と前置きをしてから話そうと思います。

第三者の目を入れる

重要な文書の場合は、誤解を避けるために、公開する前に第三者に見てもらうのが良いでしょう。どんなに巧みな書き手も、言葉の曖昧さからは逃れられません。言葉を発する側は、自分の言いたいことが明確に分かっているぶん、自分が使う言葉の「それじゃない方」の解釈に気付きにくくなります。こういうとき、他の人に読んでもらうと、誤解を招きそうな箇所が見つかりやすくなります。

とくに近年では、従来の言葉の意味や用法が変化するケースが多く見受けられます。この本の第2章で挙げた「忖度《そんたく》」のように、従来にはなかった否定的な意味が付いてしまったケースもあります。一人の人間がこういった用語の変化をすべて把握することは不可能なので、できるだけ多くの人の知恵を借りるのが得策です。

以上、この章では曖昧さとうまく付き合うための方法をいくつかご提案しました。その根底にあるのは「話し手と聞き手の協力関係をどう築くか」という課題です。言葉を介したコミュニケーションは、話し手と聞き手の協力によって成り立っています。言葉に曖昧さがある以上、「こんなふうに言いさえすれば相手は勝手に理解するだろう」とか「相手はこう言っているのだから、こういう理解でいいはずだ」という推測がつねに当たるとはかぎりません。話し手と聞き手の側が互いにコミュニケーションを成功させようという意識を持ち、必要に応じて自分の理解を言語化して相手に伝えることが、言葉のすれ違いを減らす上では重要になります。

おわりに――曖昧さは悪いものではない

最後に、ここまでの内容について二点だけ補足をしたいと思います。

一点目は、「曖昧さは、どの言語にも見られる」ということです。たまに「日本語は曖昧な言語だ」という言説を見かけますが、日本語だけが飛び抜けて曖昧だというわけではありません。この本の中で紹介してきた曖昧さの要因はどれも、日本語だけでなく他の言語にも見られるものです。

二点目は、「曖昧さには良い面もある」ということです。言葉の曖昧さは私たちを悩ませるものではありますが、曖昧であるがゆえに、効率的なコミュニケーションが可能になっているという面もあります。[34]

もし言葉から曖昧さがなくなったら大変なことになります。ヴァーツラフ・ハヴェルの戯曲『通達』[35]は、そのことを端的に教えてくれます。この戯曲には、プティデペという人工言語が登場します。この言語は、曖昧さを完全になくし、コミュニケーションを円滑にするために開発されたものですが、多くの混乱を引き起こします。

まず、この言語では、一つの単語が複数の意味を持つことを禁止しています。「一つの単語に、一つの意味」を徹底しようとしているのです。すると、当然のことながら、単語の数がどんどん増えていきます。

プティデペでは、単語の長さもどんどん長くなります。なぜかというと、使える音や文字が限られている中で単語の数を増やすには、単語を長くするしかないからです。ただでさえ単語の数が増えて覚えにくいのに、一つ一つの単語が長くなると、ますます難解になります。プティデペ最長の単語は「カワアマツバメ」を意味する言葉で、三百十九文字もあります。とても人間が覚えられる言葉ではありません。

プティデペは架空の言葉ですが、もし単語から曖昧さを排除したらどうなるかということをありありと伝えてくれます。私たちの言葉は曖昧で、複数の解釈を許しますが、そのぶん短く簡潔に情報を伝えられます。コミュニケーションの中で上手に曖昧さに対処できれば、スピーディなやりとりが可能になるのです。

また、曖昧さがあることによって、掛詞《かけことば》や駄洒落《だじゃれ》などといった楽しい遊びができるという面もあります。もし曖昧さがいっさいなかったら、私たちの言葉はきわめて味気ないものになるでしょう。

私たちが体験している現実世界は多様で複雑です。一日として同じ日はなく、一つとして同じものはなく、ものの考え方や感じ方も一人一人違います。私たちはそういった森羅万象を、限られた音や文字からなる「言葉」というシステムで表現しようとしているのですから、曖昧さは言葉について回る宿命と言っていいでしょう。言葉のすれ違いを防ぐのは難しいことですが、読者の皆さんに曖昧さを少しでも楽しいもの、面白いものと感じていただけたら、著者としては嬉《うれ》しく思います。

34 参考：Piantadosi, S., Tily, H., Gibson, E.（2012）"The Communicative Function of Ambiguity in Language", Cognition, Vol. 122, Issud 3, pp. 280–291.

35 ヴァーツラフ・ハヴェル（著）、阿部賢一、豊島美波（訳）『通達／謁見』、松籟社。

あとがき

ここ数年で言語学関連の一般書を何冊か出版してから、専門外の人々と言葉について話をする機会が増えました。そこで感じたのは、言語学の分野の中にいる人とそうでない人の間には、言葉の見方に大きな違いがあることです。

言語学の中にも多くのジャンルがあるため一概には言えませんが、言語学者はおおよそ、普段から言語学の知識に基づいて言葉を分析しています。ある意味、言葉に対する「解像度」が高いと言っていいかもしれません。言語学の内部にいるときは、そんなことはできて当たり前なので、それが世の中の役に立つという意識はありませんでした。しかし最近になって、そういった言語学者の知見がもう少し広まってもいいのではないかと思うようになりました。

本書のテーマである「言葉の曖昧さ」についても、言語学者はそれらを検知するトレーニングを受けていますし、原因もある程度特定することができます。しかし専門外の人々にとって、「曖昧さ」はその名のとおり曖昧模糊《もこ》としているように思えます。とくに最近では文字のコミュニケーションが増えたことで、言葉によるすれ違いが頻発しています。お医者さんが患者さんのために病気の原因を特定して伝えるのと同じように、言語学者も言葉の問題に悩む人たちに「それはこれこれこういう理由で起こっているんですよ」と伝えられればいいのではないかと思い、本書を執筆しました。

筑摩書房の橋本陽介さんには、テーマの設定から執筆までたいへんお世話になりました。初期に書いた原稿は練習問題だらけのドリルのようになってしまい、書いていてもあまり楽しくなかったのですが、橋本さんに相談に乗っていただきながら、より楽しめる方向に舵《かじ》を切ることができました。心より御礼申し上げます。

インパクト抜群の「きのこ先生」をはじめ、知的でユーモラスなイラストを描いてくださった芦野公平さん、「頭が赤い魚を食べる猫」のイラストをご提供くださった中村明裕さんにもお礼を申し上げたいと思います。また、執筆時には家族にも大いに助けてもらいました。こうして形になった本書が、手にとってくださった皆さんのお役に立てることを祈ります。

問題の答え

1

19頁の答え

「今、年金いくらもらえる?」という区切り方と、「今年、金いくらもらえる?」という区切り方ができます。

2

30頁の答え

①「いい加減」や「適当」には、「ほどほどでちょうどいい」という意味と、「無責任で投げやりだ」という意味があります。誰かに仕事を頼むとき、「ちょうどいい感じにやっておいて」と言うつもりで「適当にやっておいて」と言ったら、相手は「これは片手間にやっていい仕事なんだな」と勘違いするかもしれません。

②助動詞の「しまう」にも、「動作や出来事が完了する」という普通の意味と、「取り返しの付

かないことをする」という否定的な意味があります。たとえば、「夏休みの宿題をしてしまったので、あとは思う存分遊べる」という場合は前者で、「友達と喧嘩《けんか》をしてしまった」のような場合は後者です。「お菓子を食べてしまった」を前者の意味で解釈すると、単に「お菓子を全部食べた」という意味ですが、後者のように解釈すると「お菓子を食べるという、やってはいけないことをした」という意味になります。ダイエット中で甘いものを控えているときに「お菓子を全部食べてしまった」と言う場合は、間違いなく後者の意味でしょう。

42頁の答え
①は、「目撃者の証言は正しくないと思う」という（2）の解釈がしやすい文です。これに対して②では、「内部の人間による犯行（という、何か悪いこと）が起こっていると思う」という（1）の解釈がしやすくなります。

3

63頁の答え
「スマホのバッテリー」が、バッテリーの本体を表すのか、バッテリーの残量を表すのかで、二通りの解釈ができます。前者の場合は、「バッテリーの本体が手元になくて困っている」ということになり、後者の場合は「（バッテリーの本体はあるけれど）バッテリーの残量がなくて困っている」ということになります。

65頁の答え

①の「貯金」は「貯金をすること」、つまり行為です。これに対し、②の貯金は「貯めたお金」、つまり物体です。

③の「表示」は「表示をすること」、④は「表示の書かれたラベル」です。

75頁の答え

①の「弟」は、普通に考えれば「容疑者の弟」でしょう。刑事本人の弟であるという解釈はしづらいです（もっとも、その刑事の弟が容疑者と知り合いであるとか、名探偵であるなどといった設定がある場合は別です）。

②の「弟」は、「話し手の弟」であると考えるのが自然です。同一文中に「知らない人」という名詞も出てきていますが、その人の弟であると解釈するのは困難です。

4

88頁の答え

答えは①と②です。

①「年の離れた両親」には、次の二通りの解釈が可能です。
解釈1：「私」と両親の年が離れている。
解釈2：両親どうしの年が離れている。

たとえば「私には年の離れた両親がいる。私は彼らと世代が違いすぎるので、彼らがどういう幼少期を送ってきたか、想像することができない」のような文脈があれば、解釈1がしやすくなります。他方、もし「私には、親子ほども年の離れた両親がいる」という文であれば、解釈2のみが可能になります。

②「仲の良い弟たち」の解釈は次の通りです。
解釈1：「私」と弟たちとの仲が良い。
解釈2：弟どうしの仲が良い。

③「私には、双子の子どもがいる」の解釈は、「子どもどうしが双子である」という解釈しかできません。「私」とその子どもが双子の関係になることはありえないからです。

95頁の答え

①「書類がたくさん入るカバン」の限定的修飾は、「カバンのうち、書類がたくさん入るもの」や「書類がたくさん入るタイプのカバン」のように言い換えられます。これに対し、非限定的修飾は、「カバンという、書類がたくさん入るもの」と言い換えられます。この句の場合は、前者のように解釈する人がほとんどでしょう。後者の解釈では「カバンというのは一般に、書類がたくさん入るものだ」という認識が表現されていますが、事実として、世の中には書類が入らないカバンもたくさんあります。

②の「便利なスマートフォン」の限定的修飾は「スマートフォンのうち、便利なもの」や「一部の便利なスマートフォン」のように言い換えられます。これに対し、非限定的修飾は「スマートフォンという、便利なもの」と言い換えられます。原則として両方の解釈が可能ですが、「スマートフォンというものは便利なものである」という共通認識があるため、おそらく非限定的修飾の解釈を先に思いつく人が多いのではないでしょうか。

③「洗い流さないトリートメント」の限定的修飾は「トリートメントのうち、洗い流さないもの」あるいは「洗い流さないタイプのトリートメント」のように表現できます。非限定的解釈は、「トリートメントという、洗い流さないもの」となります。トリートメントには洗い流すものもありますので、限定的修飾の解釈が優先されるでしょう。

5

104頁の答え

①と②はどちらも「パートナー探し」という言葉が入っていますが、次のように構造が違います。

①[[相性ぴったりのパートナー」探し]

②[プロに任せる［パートナー探し]]

①は「相性ぴったりのパートナーを探す」、②は「パートナー探しをプロに任せる」という解釈になります。逆に、①を［相性ぴったりの［パートナー探し]］という構造だと考えると、「パートナー探しが相性ぴったりである」という、よく分からない意味になります。②を［[プロに任せるパートナー」探し］と考えた場合も同様です。

③については、次の二通りの構造が考えられます。

[[アレルギー物質を使わない」家づくり]（家づくりに、アレルギー物質を使わない）

[[アレルギー物質を使わない家」づくり]（アレルギー物質を使わない家をつくる）

どちらの構造を当てはめたとしても、似たような意味になります。家づくりのときにアレルギー物質を使わなければ、結果としてアレルギー物質を使わない家ができますし、アレルギー物質を使わない家をつくるためには、家づくりのときにもアレルギー物質を使わないという選択をしなくてはならないからです。こんなふうに、構造としては二通りあっても、双方から出てくる意味がほぼ同じ、というケースもあります。

6

155頁の答え

①は、「東京と名古屋の間の切符」と言い換えられます。つまり「・」は「と」に相当します。

②は「三五歳で自営業で東京在住」と言い換えることができます。

③で意図されている解釈は、「身長一三〇cm未満か六五歳以上の方はご利用いただけません」でしょう。つまり、「身長一三〇cm未満」か「六五歳以上」のどちらか一つでも当てはまる人はアトラクションに乗れない、ということです。もしこれを「身長一三〇cm未満で六五歳以上」と解釈してしまうと、「身長一三〇cm未満だけど六五歳未満の人」とか、「六五歳以上だけど身長が一三〇cm以上ある人」は乗れることになってしまいます。これはおそらく、テーマパーク側が意図している解釈ではないでしょう。

7

165頁の答え

一つは、「ない」の影響範囲が「花子の字のように」まで及んでいる解釈です。この場合は次のようになります。

太郎の書く字は、花子の字のように美しくない。
↓太郎の書く字は、「花子の字と同じように美しい」ということはない。
（↓太郎の書く字は、花子と字と違って、美しくない）

一つは、「ない」の影響範囲が「花子の字のように」を含まない場合は、次のようになります。

太郎の書く字は、花子の字のように美しくない。
↓太郎の書く字は、花子の字と同じように、美しさに欠けている。

170頁の答え

①は、「来ていない招待客がいる（が、一部は来ている）」という解釈と、「来ている招待客の数はゼロだ」という解釈があります。

②は、「出席する学生の数が六割未満だった場合、授業は休みになります」という解釈と、「六割以上の生徒が欠席する場合、授業は休みになります」という解釈があります。仮に、五割の学生が出席して五割の学生が欠席する場合は、前者の解釈だと授業は休みになりますが、後者の解釈では休みになりません。

188頁の答え

「次郎も招待した」の部分で、「次郎も」が主語なのか目的語なのかによって、文中のゼロ代名詞の解釈が変わってきます。

「次郎も」が主語である場合、ゼロ代名詞になっているのは目的語、つまり「誰々を」です。さらにこの文では「どこどこに（招待した）」という部分もゼロ代名詞になっています。つまり全体としては「次郎も（誰々を）（どこどこに）招待した」という文になっています。この場合、「誰々を」＝「太郎を」、「どこどこに」＝「自分の結婚式に」と解釈するのが自然ですから、「次郎も太郎を自分の結婚式に招待した」という解釈になります。

他方、「次郎も」が目的語である可能性もあります。このとき、ゼロ代名詞は主語、つまり「誰々が」となり、文全体としては「（誰々が）次郎も（どこどこに）招待した」という文になります。この場合、「誰々が」＝「花子」、「どこどこに」＝「結婚式に」と解釈するのが自然ですから、「花子は次郎も自分の結婚式に招待した」という解釈になります。

ちくまプリマー新書

ちくまプリマー新書

080 「見えざる手」が経済を動かす　池上彰

市場経済は万能？　会社は誰のもの？　格差問題の解決策は？　経済に関するすべてのギモンに答えます！「見えざる手」で世の中が見えてくる。待望の超入門書。

094 景気ってなんだろう　岩田規久男

景気はなぜ良くなったり悪くなったりするのだろう？アメリカのサブプライムローン問題が、なぜ世界金融危機につながるのか？　景気変動の疑問をわかりやすく解説。

126 就活のまえに
――良い仕事、良い職場とは？　中沢孝夫

世の中には無数の仕事と職場がある。その中から、何を選ぶのか。就職情報誌や企業のホームページに惑わされず、働くことの意味を考える、就活一歩前の道案内。

196 「働く」ために必要なこと
――就労不安定にならないために　品川裕香

就職してもすぐ辞める。次が見つからない。どうしたらいいかわからない。……安定して仕事をし続けるために必要なことは何か。現場からのアドバイス。

189 ぼくらの中の発達障害　青木省三

自閉症、アスペルガー症候群……発達障害とはどんなもの？　原因や特徴、対処法などを理解すれば、障害を持つ人も持たない人も多様に生きられる世界が開けてくる。

ちくまプリマー新書

432 悪口ってなんだろう　和泉悠

悪口はどうして悪いのか。友だち同士の軽口とはなにが違うのか。悪口を言うことはなぜ面白い感じがするのか。言葉の負の側面から、人間の本質を知る。

371 はじめてのニュース・リテラシー　白戸圭一

フェイク、陰謀論、偏向、忖度、感性のズレ——情報はなぜ歪んで／偏ってしまうのか。ニュースの作られ方から、信頼できる情報の見分け方までを平易に説く。

320 その情報はどこから？——ネット時代の情報選別力　猪谷千香

日々、空気のように周りを囲んでいる情報群。その中から私達は何をどのように選べばいいのか。情報の海で溺れないために大切なことを教える一冊。

299 本質をつかむ聞く力——ニュースの現場から　松原耕二

真偽不明の情報が溢れる今の時代、都合のいいことだけを声高に言う人やフェイクニュースに惑わされないために、本質を見極め、真実の声を聞くことが大切だ。

273 人はなぜ物語を求めるのか　千野帽子

人は人生に起こる様々なことに意味付けし物語として認識することなしには生きられません。それはどうしてなのか？　その仕組みは何だろうか？

ちくまプリマー新書

053 物語の役割 小川洋子
私たちは日々受け入れられない現実を、自分の心の形に合うように転換している。誰もが作り出し、必要としている物語を、言葉で表現していくことの喜びを伝える。

106 多読術 松岡正剛
読書の楽しみを知れば、自然と多くの本が読めます。著者の読書遍歴をふりかえり日頃の読書の方法を紹介。さまざまな本を交えながら、多読のコツを伝授します。

301 翻訳ってなんだろう？——あの名作を訳してみる 鴻巣友季子
翻訳とは、一言一句を見つめて「深い読書」をすることだ！　誰もが知っているあの名作を紙上で翻訳しながら読み解く、まったく新しい「翻訳読書」のススメ！

318 しびれる短歌 穂村弘 東直子
恋、食べ物、家族、動物、時間、お金、固有名詞の歌、トリッキーな歌など、様々な短歌を元に歌人の二人が短歌とは何かについて語る。楽しい短歌入門！

360 徒然草をよみなおす 小川剛生
「徒然草」は、本当に「無常観を主題とした遁世者の随筆」なのだろうか。どうもそうではないらしい。当時の文脈に置きなおすことで、本当の姿が見えてくる。

ちくまプリマー新書

027
世にも美しい日本語入門
安野光雅
藤原正彦
七五調のリズムから高度なユーモアまで、古典と呼ばれる文学作品には、美しく豊かな日本語があふれている。若い頃から名文に親しむ事の大切さを、熱く語り合う。

219
漢字の歴史
——古くて新しい文字の話
笹原宏之
3000年前中国で誕生した漢字。その数20万字と言われる。時々の人間の営為を反映し表出し試行錯誤しながら、今なお変わり続ける漢字の歴史を解き明かす。

369
高校生からの韓国語入門
稲川右樹
ハングル、発音、文法、単語、豆知識……Twitter でも人気の「ゆうき」先生がイラストをまじえてわかりやすく解説。始めるなら、まずはこの1冊から！

374
「自分らしさ」と日本語
中村桃子
なぜ小中学生女子は「わたし」ではなく「うち」と言うのか？　社会言語学の知見から、ことばと社会とわたしたちの一筋縄ではいかない関係をひもとく。

390
バッチリ身につく 英語の学び方
倉林秀男
ベストセラー『ヘミングウェイで学ぶ英文法』著者が贈る、語彙・文法・音読・リスニング……ことばの「基礎体力」の鍛え方。英語学習を始める前にまずはこの本！

ちくまプリマー新書

ちくまプリマー新書

336
ダイエット幻想
——やせること、愛されること
磯野真穂
モテたい、選ばれたい、認められたい……。ダイエットの動機は様々だけど、その強い思いで生きづらくなっていませんか？ 食べると生きるをいま見つめなおそう！

359
社会を知るためには
筒井淳也
なぜ先行きが見えないのか？ 複雑に絡み合う社会を理解するのは難しいため、様々なリスクをうけいれざるを得ない。その社会の特徴に向き合うための最初の一冊。

367
地方を生きる
小松理虔
いま地方にこそ可能性が広がっている。これまでと違った視点でみれば、新たな魅力と課題が浮かんでくる。仕事、暮らし、苦労などローカルな生き方をお伝えします。

377
みんな自分らしくいるための
はじめてのＬＧＢＴ
遠藤まめた
恋愛における変なルール、個性を抑えつける校則、家族は仲が良くないといけない……。性の多様性を考えることで、「当たり前」から自由になれる。

386
「日本」ってどんな国？
——国際比較データで社会が見えてくる
本田由紀
家族、ジェンダー、学校、友人、経済・仕事、政治・社会運動について世界各国のデータと比較し、日本がどんな国か考えてみよう。今までの「普通」が変わるかも!?

ちくまプリマー新書

373
勉強する気はなぜ起こらないのか
外山美樹
気持ちがあがらない、誘惑に負けちゃう。お困りなあなたにやる気をコントロールするコツを教えます。目標設定、友人関係、ネガティブ戦略など、どれも効果的！

397
ようこそ、心理学部へ
同志社大学心理学部編
犯罪から食欲、記憶から感情までを扱い、生理的仕組みを解明し日常的な行動の改良を目指す――。深くて広い心理学の多様な世界を講義形式で紙上体験する入門書。

403
私たちはどう学んでいるのか
――創発から見る認知の変化
鈴木宏昭
知識は身につくものではない⁉ 実は能力を測ることは困難だ⁉ 「学び」の本当の過程を明らかにして、教育現場によってつくられた学習のイメージを一新する。

404
やらかした時にどうするか
畑村洋太郎
どんなに注意しても、失敗を完全に防ぐことはできない。ピンチはチャンス！ 失敗を分析し、糧にする方法を身につけて、果敢にチャレンジできるようになろう！

418
「心のクセ」に気づくには
――社会心理学から考える
村山綾
私たちの心の動きはある型にはまりやすい。しかも、その傾向にはメリットとデメリットが存在する。不安やいざこざを減らすために、心の特徴を学ぼう。

ちくまプリマー新書 442

世《よ》にもあいまいなことばの秘密《ひみつ》

二〇二三年一二月一〇日 初版第一刷発行

著者 川添愛（かわぞえ・あい）

装幀 クラフト・エヴィング商會

発行者 喜入冬子

発行所 株式会社筑摩書房
東京都台東区蔵前二-五-三 〒一一一-八七五五
電話番号 〇三-五六八七-二六〇一（代表）

印刷・製本 株式会社精興社

ISBN978-4-480-68468-4 C0280 Printed in Japan